Florian Coulmas

Ich, wir und die Anderen

… met of zonder identiteit,
op de knieë van mijn hart,
voor Judith

Florian Coulmas

Ich, wir und die Anderen

Das Zeitalter der Identität

orell füssli Verlag

Orell Füssli Verlag, www.ofv.ch

Umschlaggestaltung: Barbara Thommen, Zürich
Druck und Bindung: Str Press s.r.l., Rom

ISBN 978-3-280-05718-6

Die Deutsche Nationalbibliothek verzeichnet diese Publikation in der Deutschen Nationalbibliografie; detaillierte bibliografische Daten sind im Internet unter www.dnb.de abrufbar.

FSC
www.fsc.org
MIX
Papier aus verantwortungsvollen Quellen
FSC® C117195

Musik wird oft nicht schön gefunden,
Weil sie stets mit Geräusch verbunden.
Wilhelm Busch

Grenzpfähle steckst du,
um ein Gebiet zu messen.
Doch dass du sie nur steckst,
das sollst du nicht vergessen.
Der grade Gegensatz setzt gerad
die Wahrheit schief,
Weil stets in Wahrheit
eins ins andre sich verlief.
Friedrich Rückert

Inhalt

Intrada

Dur oder Moll

Ich bin jetzt!
Ich bin hier!
Ich bin Ich!
Das allein ist meine Schuld!

So lautet der Refrain des 2006 von dem Musikerduo Rosenstolz veröffentlichten Liedes »Ich bin ich«, das in der deutschsprachigen Welt sehr erfolgreich war. Der Titel gab einer Stimmung, einem Lebensgefühl Ausdruck, mit dem sich junge Menschen identifizieren konnten. Die etwas älteren konnten in ihnen eine Antwort auf die in ihrer Jugend, 1976, von der ikonischen Pop-Band *The Who* gestellte Frage »Who Are You?« erkennen – ebenfalls der Titel eines Liedes:

Who are you?
Who, who, who, who?
Who are you?
Who, who, who, who?
Who are you?
Who, who, who, who?

Who are you?
Who, who, who, who?

Natürlich war es nicht ein Geistesblitz, der den Songschreibern 2006 endlich die tautologische Antwort eingab. Vielmehr deuten die beiden Titel darauf hin, dass die von *The Who* gestellte Frage nach dem *Ich* die Menschen eine Generation später immer noch umtrieb. Sie beschäftigt uns auch heute, vielleicht mehr denn je, aber es wäre voreilig, sie als eine ewige Frage betrachten zu wollen.

Zwar ist das Streben nach Selbsterkenntnis seit der griechischen Antike ein Eckpfeiler westlichen Denkens, und immer wieder haben Philosophen sich damit beschäftigt, um eine tragfähige Erkenntnistheorie zu entwickeln, die erklärt, wie der Mensch wissen kann. Das hat jedoch in der Regel die meisten nicht weiter beunruhigt, geschweige denn dazu veranlasst, entschuldigend darauf hinzuweisen, dass sie eben sie (selbst) seien: »Das allein ist meine Schuld!«. Ohne einem Popsong zu viel Bedeutung beizumessen, können wir dennoch festhalten, dass dieser Vers ein Motiv der Thematik intoniert, mit der wir uns hier beschäftigen. Niemand ist schuld daran, so zu sein, wie er oder sie ist. Im Gegenteil, zum »Sich-selbst-sein« darf man nicht nur, sondern soll man sich bekennen, ohne Schuld oder Scham. Auf den folgenden Seiten wird sich zeigen, dass nur die westliche Moderne den geistigen Rahmen bietet, der eine solche Idee sinnvoll erscheinen lässt und dass die Ausfüllung dieses Rahmens bis in die Populärkultur gesickert ist. Um die konkrete Realisierung dieser Idee wird gerungen. Es geht um Identität, darum, was darunter zu verstehen ist und was sie für unser Leben bedeuten soll. Die Musik hilft uns dabei.

Wer feierte auf Demonstrationen in Wien im Mai 2019 den zwanzig Jahre alten Hit »We are going to Ibiza« der niederländischen Vengaboys? Wer liebt Anna Netrebko? Wer geht durch die Straßen mit aufgesetzten Kopfhörern, aus denen Gangsta Rap tönt? Was für eine Musik schlägt uns entgegen, wenn wir ein griechisches Restaurant betreten? Wie hoch war das Durchschnittsalter des Publikums beim letzten Konzert der Rolling Stones? Wer kann sich für Blasmusik begeistern? Und wer lässt freiwillig XYZ-Musik über sich ergehen? Hier mögen die geneigten Leserinnen und Leser für »XYZ« die von ihnen geschmähte Musikrichtung einsetzen. Ohne große Recherchen anzustellen, können wir diese und ähnliche Fragen beantworten, denn Musikgenres sind mit Gruppen, Subkulturen und Epochen verbunden, von denen wir bestimmte Vorstellungen haben. Wer Hip-Hop hört, trägt keinen geschniegelten Anzug mit weißem Hemd und Krawatte. Niemand verbietet es ihm, aber es ist nicht sehr wahrscheinlich.

Sage mir, was du hörst, und ich sage dir, wer oder was du bist. Musik lässt uns an Charaktereigenschaften, Alterskohorten, Lebensstile, soziale Schichten, ethnische Gruppen und Nationen denken. Warum das so ist, soll uns weiter nicht beschäftigen, aber wir kommen darauf zurück und benutzen dieses Thema in diesem Buch als Leitmotiv. Denn wie keine andere Kunst appelliert Musik an unser Gefühl mehr als an unseren Verstand, und damit steht sie, wie sich auf den folgenden Seiten zeigen wird, Identität sehr nahe.

1. Misterioso

Auftakt für alle – geheimnisvoll

Von wessen Identität reden wir? Das ist gar nicht so leicht zu sagen, denn Identität ist überall; die Identität

> *der Geflüchteten, Europas, der Nato, des erwählten Volkes, neuer Stämme, der Gruppe, deiner Zellen, von Glutamatrezeptoren, der verdächtigen Substanz, des Asylbewerbers, von Cottbus, der Rechtsordnung, der SPD, unserer Wurzeln, des Stadtzentrums, der Landschaft, der Katalanen, der ungarischen Verfassung, von Leonardo da Vincis Mutter, des Überlebenden, Graubündens, von Molière, der westlichen Zivilisation, der Zhiqing, …*

Die Liste ließe sich beliebig verlängern und mit einer zweiten, ebenfalls offenen Liste von Attributen ergänzen, die verdeutlichen, um was für eine Identität es sich handelt:

> *etwa eine additive, grundlegende, kollektive, kulturelle, dissoziative, fiktive, sprachliche,*

multiple, neuronale, moralische, digitale, politische, genetische, sexuelle, religiöse, soziale, nationale, rassische, ethnische, berufliche, territoriale, ererbte, verlorene, vorgetäuschte, wahre, …

Auch diese Liste ist unvollständig. Wer im Internet nach irgendetwas ohne Identität sucht, hat einen schweren Stand. Das ist zwar insofern nicht überraschend, als jedes Ding und jede Person trivialerweise mit sich selbst identisch ist; überraschend ist aber, dass das der Rede wert sein sollte. Im Zeitalter des Konsumismus kauft man für den Winter nicht Mantel und Schuhe, sondern solche der Marke XY. Alles kommt auf die Wiedererkennbarkeit des Produkts an, auf seine Identität. Und da praktisch alles Handelsware und alles eine Marke sein kann, gibt es nichts mehr ohne Identität. Die beherrschende Stellung des Marktes in hochentwickelten Gesellschaften erklärt einen Aspekt der Allgegenwart der Identität. Andere kommen hinzu.

Seine Identität kann man suchen, finden, verlieren, ändern oder neu erfinden. Man kann sie mit Gleichgesinnten hochhalten und feiern. Sie kann einem unterstellt, zugewiesen, eintätowiert oder gestohlen werden – aber kaum gestohlen bleiben. Denn was ist man schon ohne Identität? Wo jeder seine Haut zum Markte trägt (und darauf achten muss, welche Farbe sie hat); wo City Branding und Nation Branding an der Tagesordnung sind; wo das Menü im Restaurant ein Wegweiser zur kulinarischen Identität ist; wo der Haar-Stylist verkündet, dass »wie Sie mit Ihrem Haar umgehen, nichts Triviales, da Teil Ihrer Identität ist«; wo bei Sportveranstaltungen die Identität nicht der Sportler, sondern der Zuschauer auf dem Spiel steht; da kommt keiner an Identität vorbei.

Manche, die sich für persönliche oder politische Zwecke auf Identität berufen, kümmert es dabei wenig, ob es um die Identität eines Individuums, einer Gruppe, einer Nation, eines Kontinents oder einer Religionsgemeinschaft geht. Identität ist zu einem proteischen Begriff geworden, der für vieles herhalten muss, auf individueller und auf kollektiver Ebene. Im Folgenden sollen seine meist-thematisierten Seiten erörtert und dabei der ideologische Hintergrund ausgeleuchtet werden, vor dem Identität zu einem Fixpunkt unserer Zeit geworden ist. Ausgehend vom Individuum betrachten wir nacheinander verschiedene seiner Eigenschaften, die es mit anderen teilt. Geschlecht, Rasse, Nation, Kultur, Klasse und Sprache sind diejenigen, die in der Moderne am prägnantesten mit Identität assoziiert sind und für Identität in Anspruch genommen werden.

2. Imbroglio – verwickelt

Mein innerstes Selbst: Tektonik für Teenager

Auf der Schwelle zur Moderne steht prototypisch der junge Werther. Überschreiten kann er sie nicht. Der tragische Held von Goethes spektakulär erfolgreichem Briefroman lebt bis zum selbst herbeigeführten Ende neben einer unglücklichen Liebe die Krämpfe und Verwicklungen eines bürgerlichen Intellektuellen, der sich nicht in die feudalistische Hierarchie eingliedern kann und daran scheitert, einen Platz in der Gesellschaft zu finden, an dem er mit sich selbst im Einklang ist. Diesen Platz nannte nicht Goethe, aber nennen wir heute »persönliche Identität«. Und die Irrungen und Wirrungen, an denen der junge Werther leidet, können wir anachronistisch »Identitätskrise« nennen, eine nicht bewältigte Identitätskrise.

Zweihundert Jahre nach Werther war »Identitätskrise« in aller Munde. In den 1950er und 60er Jahren hatte der Psychoanalytiker Erik Erikson den Begriff bekannt gemacht; in den 70ern war er zum Gemeingut geworden. Wie Goethe mit dem ersten bürgerlichen Roman hatte der Schüler Sigmund Freuds mit seiner Seelenheilkunde für Heranwachsende den Finger am

Puls der Zeit und brachte auf den Begriff, was viele seiner Zeitgenossen mehr oder weniger vage empfanden und erlebten. Sich selbst zu finden, war nicht einfach in einer Gesellschaft, die das nicht nur erlaubt, sondern jedem einzelnen zur Aufgabe macht. Freud hatte das Fundament gelegt, indem er die Person bzw. das neugeborene menschliche Wesen, das eine solche werden soll, in drei Teile zerlegte: das allein seinen Trieben gehorchende Es, das gesellschaftliche Werte und Normen beinhaltende Über-Ich und das zwischen beiden eingeklemmt sich formende Ich. Erikson zeigte, dass in diesem Prozess der Ausformung der Persönlichkeit, auch Ich-Identität genannt, einiges schiefgehen kann, worunter insbesondere Heranwachsende leiden. (Dass die Menschen in ihrer Umgebung darunter u. U. auch leiden, ist weniger von Belang.)

Eine Krise ist nach Erikson nicht ein kritischer Punkt am Rande des Abgrunds, sondern, etwas weniger dramatisch, eine notwendige Entwicklungsphase auf dem Weg zum Erwachsenwerden. Ein Wendepunkt, an dem man vor oder zurück, nach links oder nach rechts gehen muss, um dem eigenen Leben eine Bestimmung, eine Richtung zu geben. Denn die ist nicht per se gegeben, so will es jedenfalls der Geist der Aufklärung, dem zufolge die Menschen – leicht modifiziert mit Jean-Jacques Rousseau sprechend – zwar überall in Ketten liegen, aber immerhin frei geboren sind. Daraus ergibt sich ein Anspruch, den es für viele Menschen in vormoderner Zeit nicht gab. Denn wenn der Adel erblich ist, der Sohn des Leibeigenen Leibeigener bleibt, der Sohn des

Tischlers Tischler, und die Tochter standesgemäß verheiratet wird, braucht man sich nicht viele Gedanken darüber zu machen, wer man ist oder was man werden will. Identitätskrisen erübrigen sich.

Anders in unserer heutigen Gesellschaft, die eine Gesellschaft der Qual der Wahl ist. Gewiss empfindet nicht jeder diese Wahl als Qual. Nicht gebunden zu sein, sondern frei entscheiden zu können, sich Beruf, Wohnort, Lebenspartner und vieles andere selbst aussuchen zu können, empfinden viele als großes Glück, das ihre Vorfahren nicht hatten. Dennoch lässt sich kaum leugnen, dass es anstrengend sein kann, das Schicksal in die eigene Hand zu nehmen. Auswählen, Entscheidungen treffen, selbst bestimmen, was geschieht, das sind die charakteristischen Kennzeichen der egalitären und freien Gesellschaft, wie sie der westlichen Welt seit der Französischen Revolution vorschwebt. In ihrem Zentrum steht das autonome Individuum, das weiß, was es tut, es zumindest wissen soll und somit selbstverantwortlich ist.

Die meisten Menschen, die nicht zum Psychiater gehen, erreichen dieses Ziel. Oder, besser gesagt, umgekehrt: All diejenigen, die ihre Pubertät ohne bleibende Schäden hinter sich lassen, gehen nicht zum Psychiater. Ihre Identitätskrise beschränkt sich darauf, zwar ab und zu über die eigenen Füße zu stolpern, aber das wirft sie nicht so aus der Bahn, dass sie psychologischen Beistands bedürften, um sich wieder zurechtzufinden.

Zurechtfinden müssen sie sich allerdings immer, und dazu gehört, dass sie *sich* finden müssen. Ein bisschen

Breakdance, Tecktonik, The Floss mögen dabei hilfreich sein, insbesondere in Gesellschaft derer, die gleiche Vorlieben haben. Der Anspruch ist nicht nur, zu entscheiden, was sie sein wollen, sondern herauszufinden, was sie sind. Die zugrunde liegende Annahme ist, dass das möglich ist. Einerseits erschaffen wir uns, was wir andererseits nur können, indem wir unser »wahres Selbst« finden, das irgendwo in unserem tiefsten Innersten steckt, unverwechselbar und unveränderlich. Das ist Identität in der individualistischen Gesellschaft – zumindest für die, die daran glauben.

Das ist nicht selbstverständlich; ist diese identitätsbesessene Gesellschaft doch auch eine solche, die ihre Mitglieder ständig dazu auffordert, sich »neu zu erfinden«, um glücklicher, produktiver und zufriedener als jemals zuvor zu werden, um mit der Sprache der Werbung zu sprechen, die, wie es ihre Art ist, das Wichtigste unausgesprochen lässt: Nämlich dass wir uns immer wieder neu erfinden müssen, um den Motor der Gesellschaft in Gang zu halten, den Konsum. Neue Kleider, neue Frisur, neue Sonnenbrille, die einzigartige Ferienreise, das neuste SUV-Modell – du möchtest auf dem letzten Stand sein? Wir zeigen dir, was du unbedingt haben musst. Wer so speziell ist wie du, verlangt spezielles Marketing, zugeschnitten auf deine Identität.

Zwischen dem »wahren Selbst« und der »neu erfundenen Identität« entfaltet sich das Leben in der Konsumgesellschaft. Nicht allen fällt es leicht, im Spannungsfeld dieser ja durchaus widersprüchlich erscheinenden Pole ihren Weg zu finden. Wie soll man denn sein wahres

Selbst neu erfinden? Veränderung mit Beständigkeit zu versöhnen, ist schwierig, wenn man nicht wie Groucho Marx bereit ist zu sagen: »Dies sind meine Prinzipien; wenn sie Ihnen nicht gefallen, habe ich auch andere.«

Dass Menschen mit dem Lavieren zwischen Prinzipientreue und Erneuerung Mühe haben, kommt u. a. darin zum Ausdruck, dass unter Identitätskrisen nicht mehr nur die Halbwüchsigen leiden. Von dieser Zivilisationskrankheit werden inzwischen auch Menschen anderer Altersgruppen befallen, wenn sie z. B. im Zuge einer Scheidung, des Verlusts einer Anstellung oder sonstiger drastischer Einschnitte »außer sich geraten«, plötzlich Zweifel an sich selbst bekommen und auf die Frage, »Wer bin ich denn eigentlich?«, keine befriedigende Antwort finden, sie aber auch nicht achselzuckend beiseiteschieben können. Das sind diejenigen, die zu sehr an das wahre Selbst glauben. Wenn sie etwas tun oder ihnen etwas zustößt, das mit ihrer Vorstellung davon nicht in Einklang zu bringen ist, reagieren sie darauf mit einer Krise.

Leichter haben es diejenigen, die eine der für das gesellschaftliche Leben wichtigsten Fähigkeiten erlernt haben, die Fähigkeit nämlich, Identität darzustellen, Identitätsakte zu vollziehen. Das ist es, was uns nach Auffassung mancher Psychologen, die Identität als relational verstehen, in einer Gesellschaft abverlangt wird, in der Status nicht schicksalhaft, da erblich ist. Wir selber sind es, die unser wahres Selbst in der Beziehung zu anderen herauskehren und damit überhaupt erst konstruieren. Das so überaus wichtige Konzept der Selbstverwirklichung besagt eben dies; es verlangt von uns aktiven Einsatz. Nicht durch Demut und Vertrauen in den Lauf der Dinge kommen wir in der Welt voran, sondern durch Arbeit an uns selbst, durch wohlüberlegte Entscheidungen, durch Einstudieren und Proben, kurz, durch die Inszenierung des Auftritts, den wir heute Vormittag beim Kundengespräch, später mit dem neuen Abteilungsleiter und am Abend im Restaurant mit der Angebeteten haben werden.

> Shakespeare wusste das in seiner Komödie
> »Wie es euch gefällt« schon vor vierhundert
> Jahren:
> Die ganze Welt ist Bühne
> Und alle Fraun und Männer bloße Spieler.
> Sie treten auf und gehen wieder ab,
> Sein Leben lang spielt einer manche Rollen
> Durch sieben Akte hin.

Nicht jeder und jedem liegt freilich das Rollenspiel, was in einer Gesellschaft, in der alle dem Ranking und Rating ausgesetzt sind, ein Grund dafür ist, dass manche besser vorankommen als andere. Wer die Dinge laufen lässt, hat keine guten Chancen. Im Kleinen – zum Beispiel im Supermarkt beim Einkaufen – wie im Großen – zum Beispiel bei der Stellensuche oder bei der Vergabe von Aufträgen – sind wir ständig gefordert, auszuwählen und Entscheidungen zu treffen. Das bedeutet Freiheit, aber eben auch Qual, die sich etwa darin äußert, was Psychologen Entscheidungsmüdigkeit nennen. Entscheidungen zu fällen kostet Energie, denn damit wird die Fähigkeit in Anspruch genommen, sich selbst zu beherrschen. Wenn diese Energie erschöpft ist, leidet der Mensch unter Entscheidungsmüdigkeit und trifft deshalb unter Umständen die falsche Entscheidung.

Eine Grundannahme der individualistischen Gesellschaft ist es, dass jeder Mensch eine Identität hat, ein ureigenes Wesen, das unabhängig von prägenden Faktoren der Umwelt – Rasse, Religion, Klasse u. a. – in die er hineingeboren wird, existiert. Wachsender Wohlstand in der westlichen Welt seit dem zweiten Weltkrieg hat dazu geführt, dass wir uns immer mehr erlauben können, im materiellen wie im übertragenen Sinne. In den hippen 1960er und 70er Jahren entstanden unkonventionelle Familienstrukturen, und immer mehr Menschen entschieden, dass bürgerlicher Konformismus nicht die einzige Leitlinie im Leben sein sollte. Gleichzeitig wurde das Warenangebot immer bunter und zwang uns dazu, auszuwählen. Und die Toleranz für Vielfalt, nach der jeder sein »wahres Selbst« ausleben können soll, nahm nicht nur zu; die Freiheit, dieses Selbst zu realisieren, es auszuleben, ist zu einem kategorischen Imperativ geworden. Das bedeutet wiederum Entscheidungen darüber, wie dieses Selbst in eine präsentable Identität auf der Bühne der Gesellschaft darzustellen ist: Freiheit für alle!

Dass dieser Imperativ manche überfordert, bezeugen die Leiden der jungen Werthers von heute, die sich tanzend den »Snakes« oder den »Dead Boys« überlassen oder von einer Identitätskrise heimgesucht werden. Sie ziehen sich von der Bühne der Gesellschaft zurück oder betreten sie gar nicht erst: die Heranwachsenden, die unter Sozialphobie leiden, die NEETs (*Not in Education, Employment or Training*) Jugendliche ohne Schul- oder Berufsausbildung und Anstellung, die italienischen *bamboccini* (erwachsenen Babys) und die japanischen *hikikomori*, die sich jahrelang in ihr Zimmer einschließen und mit niemandem reden, um nur drei Beispiele von Unangepassten zu nennen, die es in einer freiheitlichen Gesellschaft, die sich zur Achtung jedes einzelnen Menschen bekennt, eigentlich gar nicht geben sollte.

Es gibt sie aber. Die Gesellschaft, in der niemand an den Rand gedrängt wird, existiert nur im Paradies und gewiss nicht dort, wo das Grundprinzip der Achtung *des* Menschen a priori durch das des Konkurrenzkampfes *der* Menschen konterkariert wird. Um in diesem Kampf zu bestehen, stützen wir uns auf unsere Identität. Dabei wird aus der Ich-Identität des »wahren Selbst« unversehens die »Wir-Identität« der Gruppenzugehörigkeit. Denn so wahr und achtbar das individuelle Selbst auch sein mag, auf sich allein gestellt, ist es oft zu schwach, um Toleranz für seine Besonderheit einfordern zu können. Aus der Identität des »ich kann nicht anders«, denn »Ich bin ich. Das allein ist meine Schuld!« wird deshalb die Identität des »ich bin eine/r von uns«. In diesem Übergang von »Identität« zu »sich identifizieren mit« ruht der Keim der Intoleranz, den nicht alles überwuchern zu lassen, die größte unerfüllte Aufgabe der Aufklärung ist. Da der Mensch ein soziales Wesen ist, wird sich dieser Keim nie ausmerzen lassen, aber individuelle

Identität als Idee und als Forderung birgt die Möglichkeit, kollektive Identität nicht als unentrinnbares Geschick zu begreifen. Die Betonung der individuellen Identität kann man als Aufforderung verstehen, sich nicht gedankenlos einer kollektiven Identität zu überlassen.

3. Appassionato

Leidenschaftlich: Geschlecht: Duett, Terzett, Polyphon

Seit 2017 gibt es im deutschen Recht nicht mehr nur Adam und Eva. Denn das Bundesverfassungsgericht in Karlsruhe hat auf die Pauke gehauen:

> *Das allgemeine Persönlichkeitsrecht (Art. 2 Abs. 1 i.V.m. Art. 1 Abs. 1 GG) schützt die geschlechtliche Identität. Es schützt auch die geschlechtliche Identität derjenigen, die sich dauerhaft weder dem männlichen noch dem weiblichen Geschlecht zuordnen lassen.*
> *10. Oktober 2017, 1 BVR 2019/16*

Deshalb suchen Unternehmen heute nicht mehr Stapelfahrer, Kranführer, Sachbearbeiter und IT-Spezialisten etc., sondern Staplerfahrer (w/m/d), Kranführer (w/m/d) und Sachbearbeiter (w/m/d) und IT-Spezialisten (w/m/d) etc. Der Berufsbezeichnung in der Stellenausschreibung eine Klammer »(w/m/d)« für »männlich, weiblich, divers« hinzuzufügen, ist eine Kleinigkeit. Aber dahinter steht ein ideologischer Wandel von großer Tragweite, der gesellschaftliche Konventionen und Institutionen, insbesondere die Familie, auf vielfältige Weise berührt.

Ebenfalls 2017 legalisierte der Deutsche Bundestag die gleichgeschlechtliche Ehe. Ihrem Ruf als liberale Vorreiter gerecht werdend, hatten die Niederlande das bereits 2000 getan. Inzwischen sind die meisten skandinavischen und westeuropäischen Länder gefolgt, zuletzt Österreich, wo die gleichgeschlechtliche Ehe seit 2019 gesetzlich erlaubt ist. In Osteuropa ist das fast durchgehend nicht der Fall und in vielen anderen Teilen der Welt auch nicht.

Der § 175 des deutschen Strafgesetzbuchs, der sexuelle Handlungen zwischen Personen männlichen Geschlechts unter Strafe stellte, war von 1872 bis 1994 gültig. Die Kriminalisierung gleichgeschlechtlicher Neigungen entsprach der zweiwertigen Geschlechterlogik des christlichen Abendlands. Es gab Adam und Eva, die vom lieben Gott dazu bestimmt waren, sich zu vereinen, um für Nachkommen zu sorgen. Viel mehr gab es über die menschliche Sexualität nicht zu sagen, jedenfalls nicht laut. Konservative christliche Konfessionen betrachten Homosexualität dementsprechend als lasterhaften Abweg. Dass die Sexualmoral ebenso wie andere Moralvorstellungen dem historischen Wandel unterliegt und kulturell variabel ist, wollen sie nicht wissen und halten an ihrem Weltbild des gottgewollten Duetts von Mann und Frau als Archetyp der Paarbildung fest.

Mit ihrer Verdammung der Homosexualität stehen die Christen nicht allein. In vielen Ländern Afrikas und des Mittleren Ostens ist sie noch ausgeprägter. Der

Islam, wie das Christentum eine missionarische Religion mit universalistischen Ansprüchen, wird meistens dahingehend interpretiert, dass er homosexuelle Handlungen verbietet. Sowohl in christlichen als auch in islamischen Ländern gibt es bezüglich sexuellen Verhaltens sehr unterschiedliche Einstellungen und rechtliche Bestimmungen. Was sie miteinander teilen, ist eine allgemeine Intoleranz gegenüber Normabweichungen, die sie Homosexualität als Sünde, psychischen Defekt oder Straftat einstufen lassen. Auch die dritte, besser gesagt: die erste mosaische Religion, das Judentum, lehnt Homosexualität ab, jedenfalls das orthodoxe Judentum.

Geschlecht, so denken viele, die unter dem Einfluss der herrschenden Lehre aufwuchsen und nie darüber nachgedacht haben, was könnte natürlicher sein? Selbst Freud, der alles vom Lustprinzip und von der Gesellschaft wusste, lehrte, dass in punkto Geschlechteridentität kein Weg an der Anatomie vorbeiführt. Und Geschlechter gibt es zwei, das bestätigt die Alltagserfahrung auf Schritt und Tritt. Die praktischen Dinge des gesellschaftlichen Lebens beruhen auf einer binären Geschlechtereinteilung – rosa oder hellblau –, die, da sie ja zweifellos etwas mit der Natur zu tun hat, als natürlich erscheint. In Indien haben die Hijra zwar einen festen Platz in der Gesellschaft, und schon alte Sanskrit-Texte erwähnen Männer und Frauen, die in heutiger Diktion eine intersexuelle Identität haben. In Thailand sieht die dort mehrheitlich praktizierte Schule des Buddhismus eine dreipolige Geschlechtereinteilung in Frauen, Männer und Kathoey vor. Auch die Philosophie des Taoismus aus China tritt der Vielfalt sexueller Orientierungen traditionell offen und duldsam gegenüber. Aber wer schaut schon nach Asien, wo wir in Europa doch Toleranz und Fortschritt gepachtet haben?

Dass der deutsche Bundestag und das Bundesverfassungsgericht mit der Anerkennung eines dritten Geschlechts und der Legalisierung der gleichgeschlechtlichen Ehe endlich mit den Hindus und Taoisten gleichgezogen haben, ist vermutlich eine Sicht der Dinge, die nicht alle Abgeordneten und Richter teilen. Der Hinweis auf andere Traditionen ist jedoch lehrreich, da er unseren Blick darauf lenkt, dass der Mensch ein autokreatives Wesen ist, das der Natur nicht blind gehorcht, sondern sie formen will. Das muss nicht gleich die Ersetzung der Sexualität durch medizinische Reproduktionstechnologie bedeuten, wie sie von Vertretern des Post-Genderismus propagiert wird. Aber die zunehmende Bereitschaft des Menschen, Schicksal durch Gestaltung zu ergänzen, ist nicht zu übersehen.

Der Beschluss des Bundesverfassungsgerichts und die damit vollzogene Enttabuisierung der Intersexualität exemplifiziert diesen Gestaltungswillen. Den Weg dorthin bereiteten Frauen, denn, weil sie es buchstäblich am eigenen Leibe erfuhren, erkannten sie früher als Männer, dass Geschlecht Gegenstand gesellschaftlicher Normierung ist. Sie wussten, dass ihr Geschlecht kein Grund sein durfte, ihnen in Politik, Gesellschaft und Wirtschaft eine inferiore Stellung zuzuweisen. Dafür gingen ihre Vorkämpferinnen, Suffragetten und Blaustrümpfe, auf die Straße. Gleichberechtigung bei Wahlen war das erste Ziel, das 1906 in Finnland erreicht war, 1918 in Deutschland und – gut Ding will Weile haben – 1971 in der Schweiz.

Die Frauenbewegung machte Geschlechteridentität zu einem wichtigen Thema, wobei die Kritik der binären Geschlechtereinteilung allerdings keine Rolle spielte. Es ging zunächst darum, dass Verschiedenheit nicht mit Unterordnung einhergehen sollte, womit ein Grundsatz jeder Identitätsdebatte formuliert war. Weiterhin ging es um das Verhältnis von Biologie und Soziologie, also darum, was naturgegeben und was gesellschaftlich konstruiert ist. Darüber wurde mit Crescendo gestritten, was zu der konzeptuellen Trennung von biologischem Geschlecht, *Sex*, und sozialem Geschlecht, *Gender*, führte. Diese Unterscheidung ist heute geläufig, wurde in breiteren Kreisen jedoch erst in den 1970er Jahren bekannt.

Dass zwischen biologischem und sozialem Geschlecht ein Unterschied besteht, ist weithin akzeptiert, auch wenn es Meinungsverschiedenheiten über das Verhältnis zwischen beiden gibt. Der radikalsten, von der Philosophin Judith Butler vertretenen These zufolge besteht zwischen Sex und Gender keinerlei Kausalzusammenhang. Die Geschlechtsidentität beruht danach nicht auf einer körperlichen Grundlage, die geistig überformt wird, sondern ist ein rein soziales Konstrukt. Andere Ansätze gestehen zu, dass das Verhalten zwischen den Geschlechtern zwar soziokulturell geprägt ist, beharren aber darauf, dass Frauen Frauen und Männer Männer sind und die Einteilung nach dem biologischen

Geschlecht aufgrund der geschlechtlichen Fortpflanzung nicht willkürlich ist. Das gelte für die überwältigende Mehrheit der Bevölkerung und schließe die Anerkennung der Existenz trans- und intersexueller Personen nicht aus.

Der obige kursorische Hinweis auf andere Kulturen zeigt, dass die gesellschaftliche Bedeutung des Geschlechts historisch zufällig ist. Jede Antwort auf die Frage, wie sich natürliches und soziales Geschlecht zueinander verhalten, wird daher zwangsläufig normativ sein. Es ist eine politische Frage, um die weiter gestritten wird. Ein wichtiger Schauplatz dieses Streits ist der Arbeitsmarkt. Die Emanzipationsbewegung der Frauen hat die Rollenverteilung »Brotverdiener – Hausfrau« zum Auslaufmodell gemacht und dazu geführt, dass die Segregation von Berufsfeldern nach Geschlecht und überkommenen Stereotypen abgebaut wurde. »Gleiche Arbeit, gleicher Lohn!« war und ist der Schlachtruf.

Heute gibt es Lastwagenfahrerinnen und Pilotinnen, Krankenpfleger und Erzieher; die Erwerbsquote der Frauen in Deutschland ist von 47,6 Prozent in 1960 auf 73,4 Prozent in 2016 gestiegen; Lohnunterschiede zwischen Männern und Frauen sind geringer geworden. Gehen diese Veränderungen auf das Haben-Konto der feministischen Bewegung? Oder reflektiert die feministische Gesellschaftskritik ökonomische Notwendigkeiten? Diese Frage ist nicht leicht zu beantworten. Sie zu stellen, ist trotzdem nicht müßig, denn mit Karl Marx können wir zwar zugeben, dass das Sein das Bewusstsein bestimmt, aber in unserer hochkomplexen Gesellschaft ist es äußerst schwierig geworden, eine scharfe Trennlinie zwischen Sein und Bewusstsein zu ziehen.

Der Umgang mit der Geschlechteridentität macht das überdeutlich. Die traditionelle christliche Moral pochte auf die natürliche Identität – das Sein. Die Frauen, die Geschlechterdiskriminierung zu Thema machten, betonten demgegenüber den sozial konstruierten Charakter der ihnen zugeschriebenen Identität – das Bewusstsein. Und die LGBTQs, die auf den von den Feministinnen angeschobenen Zug aufsprangen, um die Anerkennung ihrer Identität zu fordern, brachten unter Rekurs auf genetische Forschung die Biologie, das Sein, zurück in die Debatte. Als autokreative Wesen schwanken wir immer zwischen Sein und Bewusstsein. Was wir sind, unsere Identität, können wir nicht wählen; was wir sein wollen, unsere Identität, aber schon. Der Begriff der Identität selber erschwert es, beides zu bejahen und wird dadurch diffus.

Sowohl den Frauen als auch den Trans- oder Intersexuellen geht es, wenn sie über Identität sprechen, um Achtung und Selbstachtung, um Anerkennung und Gleichbehandlung, kurz: um Differenz ohne Diskriminierung. Dieses auf der Grundidee der Menschenrechte fußende Prinzip ist bisher allenfalls ansatzweise realisiert worden und wird nach wie vor vielfach aufs Gröbste missachtet. Das erweist sich nirgend schmerzhafter als in der Kakophonie des Rassismus, die zum Schweigen zu bringen, noch immer nicht gelungen ist.

4. Cacofonia dolorosa

Schmerzhafte Missklänge von Rasse und Macht

Gert Oostindie, Professor für Kolonialgeschichte an der Universität Leiden, ist ein weißer Mann. Kann er deshalb keine sinnvolle Forschung über die militärische Intervention der Niederlande in Indonesien zwischen 1945 und 1950 betreiben? Dieser Meinung ist Gloria Daisy Wekker, afro-surinamischer Abstammung und emeritierte Professorin für Frauenstudien der Universität Utrecht. Dem weißen Mann warf sie 2018 vor, dass die Ergebnisse des von ihm initiierten Forschungsprojekts über den indonesischen Unabhängigkeitskrieg von vornherein feststünden. Sie würden die Niederlande zwangsläufig in einem günstigen Licht erscheinen lassen.

Eine vergleichbare Disqualifizierung einer Frau, *weil* sie eine Frau ist oder eines/einer Schwarzen, *weil* er/sie schwarz ist, würde in den Niederlanden heute niemand hinnehmen. Das weiß auch Gloria Wekker. Über diesen Widersinn hat sie ein Buch unter dem Titel »Weiße Unschuld. Paradoxien von Kolonialismus und Rasse« geschrieben, in dem sie das Nebeneinander von leidenschaftlicher Ablehnung jeder Form von Diskriminierung, einerseits, und Xenophobie und aggressivem Rassismus, andererseits, untersucht. Könnte ein weißer Mann ein solches Buch schreiben? Lassen wir diese Frage offen. Sie gibt Anlass zu einer viel weiterreichenden: Sind wir Sklaven der Rasse? Ist rassische Identität Vorsehung?

Europäischer Rassismus legitimierte Sklavenhandel, Genozid und die Unterjochung fremder Völker, der »Wilden«, denen einer der berühmtesten Aufklärer, Immanuel Kant, im Geist seiner Zeit attestierte, dass »sie sich nicht selbst regieren« konnten. Auch andere große Geister des achtzehnten und neunzehnten Jahrhunderts suchten Unterschiede der Lebensform wie selbstverständlich durch Bezugnahme auf die Natur der Menschen, nämlich ihre Rasse, zu erklären. Vor dem Hintergrund der rassistischen Exzesse der ersten Hälfte des zwanzigsten Jahrhunderts, insbesondere der Schoah, verloren biologistische Rassentheorien in der Wissenschaft aber jede Glaubwürdigkeit. Rassen im Sinne objektivierbarer Kategorien, die Menschengruppen voneinander scheiden wie biologische Arten, gibt es nicht. Darüber besteht unter seriösen Humanbiologen Einigkeit. Nun hat dies aber, also dass es etwas nicht gibt, Menschen noch nie daran gehindert, dennoch daran zu glauben. Deshalb hat die UNESCO immer wieder öffentliche Erklärungen abgegeben, um vor der Verwendung des Begriffs der Rasse in Bezug auf Menschen zu warnen; denn frühere Auffassungen, dass menschliche Populationen in getrennte »Rassen« wie »Afrikaner«, »Eurasier«, »Mongolen« oder irgendeine größere Anzahl von Untergruppen klassifiziert werden könnten, werden von der molekularen Genetik und mathematischen Modellen der Populationsgenetik nicht gestützt. Doch nicht jeder interessiert sich freilich für molekulare Genetik.

Rassismus ohne Rassen, das ist kein schlechter Scherz, sondern schlechte Wirklichkeit. Wenn heute nicht nur Skinhead-Gruppen wie »Arische Jugend«, »Eugenik« und »Faustrecht« im Schutz der Meinungsfreiheit mit rassistischen Parolen auftreten; wenn Rechtsextreme in Berlin hinter einem Transparent demonstrieren, das erklärt: »Ich bereue NICHTS. Nationale Sozialisten«; wenn sie in Dortmund zum »Raumkampf« um den von ihnen deklarierten »Nazi-Kiez« aufrufen und sich dort in der Kneipe *Zum Henker* treffen; wenn AfD-Politiker mit Nazigedichten oder Hitlergrüßen von sich reden machen; und wenn ein vornehmer Herr im Original-NS-Ton verkündet, dass »die Menschen« einen dunkelhäutigen Fußballspieler nicht als Nachbarn haben wollen, als Abgeordneter im deutschen Bundestag sitzt, kann niemand Zweifel daran haben, dass Rassisten inzwischen eine prominente Stellung in unserer Gesellschaft einnehmen. Sie sind Teil einer internationalen Szene. Weiße Suprematisten und Neo-Nazis scheuen sich nicht mehr, in amerikanischen Städten Umzüge zu veranstalten. Im März 2019 wurden bei einem rassistisch motivierten Anschlag auf zwei Moscheen in Neuseeland 50 Menschen erschossen. In Paris trat bei den regierungskritischen Gelb-Westen-Protesten 2018/19 unversehens auch Antisemitismus zutage, während Sprühdosenaktivisten in London mit Aufschriften wie »No Blacks!« an Haustüren die Bewohner terrorisierten. In Budapest und Rom hat der Rassismus Einzug in höchste Regierungsämter gefunden, was in nicht wenigen anderen europäischen Hauptstädten als nachahmenswertes Vorbild betrachtet wird. Und selbst im zivilisierten Musterland Schweden zündeten Anhänger der fremdenfeindlichen Partei »Schwedische Demokraten« eine Moschee an, um ein Zeichen zu setzen.

Obwohl manche versuchen, den Begriff »Rassismus« zu enttabuisieren, ist er immer noch negativ besetzt. Diejenigen, die sich dieser Ideologie verbunden fühlen, firmieren deshalb nicht unbedingt offen als solche. Denn durch den Holocaust und die amerikanische Bürgerrechtsbewegung der 1960er Jahre ist offen manifestierter Rassismus in Verruf geraten. Um Menschengruppen voneinander zu unterscheiden, werden heute eher andere Etiketten benutzt. »Leitkultur« z. B. klingt einfach netter als »Herrenrasse«. Außerdem ist Rasse im Zuge der vermehrten Einwanderung aus Nordafrika und dem Mittleren Osten vielerorts von Religion als Hauptkriterium der Diskriminierung verdrängt worden: Islam statt dunkler Teint.

Um Unterscheidungen zu begründen, ist jedes Merkmal gut, gleichviel, ob es natürlicher Art ist, zum Beispiel Hautfarbe, oder kultureller, zum Beispiel Essgewohnheiten. Rassisten sind nur scheinbar konsequent; selbst die reinrassigsten unter ihnen verraten gelegentlich ihre Grundsätze. So ließen die Nazis mit ihrem

»Lebensborn«-Programm in Osteuropa tausende von Kindern entführen, die, da blond und blauäugig, »rassisch wertvolle Blutsträger« und somit »eindeutschungsfähig« waren. Der Antislawismus, eigentlich Bestandteil der NS-Rassenideologie, konnte für den guten Zweck ausgeblendet werden.

Schon Max Weber wies mit einem Blick weit zurück in die Geschichte darauf hin, dass die zwölf Stämme Israels wie auch die hellenischen Phylen politisch erzeugte, also nicht natürlich gegebene Abstammungsgemeinschaften waren. Und Weber war es auch, der die »Monopolisierung von sozialer Macht und Ehre« und die Abstoßung der anderen als Funktion der Rassenzugehörigkeit erkannte. *Anti[–]ismus* ist das, worauf es ankommt. Was an Stelle des Bindestrichs steht, ist unerheblich.

Rasse eignet sich heute nicht mehr so gut dafür, Abstoßung und Anziehung zu motivieren, aber die zugrunde liegenden sozialen Kräfte und Dynamiken haben sich deshalb nicht in Luft aufgelöst. In Europa haben vor allem »Ethnie« und »Identität« »Rasse« ersetzt, und die Einsicht hat an Boden gewonnen, dass diese Kategorien nicht statisch und zeitlos sind. Im Alltag wird das allerdings oft ignoriert, denn bestimmte oberflächliche Unterschiede – z.B. zwischen dem weißen Herrn Oostindie und der schwarzen Frau Wekker – springen ins Auge. Unterschiede der Lebensführung bleiben trotz weltweiter technologiegetriebener Homogenisierungstendenzen bestehen. Ja, sie werden ständig neu geschaffen, weil Menschen offenbar einen Kleiderhaken brauchen, an dem sie ihre Identität aufhängen können. Die Kraft der von Weber diagnostizierten Abstoßung ist ungebrochen.

Politiker sind sich dessen bewusst und machen sich diese Kraft beim Kampf um Wählerstimmen zunutze, manchmal selbst aus unerwarteter Ecke. So echauffierte sich Tübingens Grüner Oberbürgermeister Boris Palmer im April 2019 darüber, dass die Deutsche Bahn in einer Werbung Menschen verschiedener Hautfarbe zeigte. »Welche Gesellschaft soll das abbilden?« fragte er ein Unternehmen, das davon lebt, Reisende, die von irgendwo kommen, irgendwohin zu transportieren. Palmer zog damit Spott und Kritik auch aus seiner eigenen Partei auf sich. In den sozialen Medien schlugen die Wellen hoch. Manche ziehen ihn des Rassismus, ein Vorwurf, den er zurückwies. Es drängt sich dennoch die Vermutung auf, dass hier ein gewiefter Politiker sein Mäntelchen nach dem zur Zeit immer stärker wehenden Wind der Fremdenfeindlichkeit hängte, um zu signalisieren, dass es durchaus verantwortungsvolle Amtsträger gebe, die die Furcht besorgter Bürger vor »Überfremdung« und Bedrohung ihrer Identität oder der »ihres« Landes ernstnehmen. Diese Art von Ernstnehmen ist in jedem Fall ein Drahtseilakt, eine potenziell gefährliche Strömung in eine harmlose Richtung zu lenken und ihr Respektabilität zu verleihen, ohne sie beeinflussen zu können. Der Diskurs über Identität, dem so viel Aufmerksamkeit geschenkt wird, bringt diesbezüglich seine eigenen Risiken mit sich. Palmers Frage, welche

Gesellschaft die Werbung abbilden soll, beruht eben implizit auf der Annahme eines weißen Deutschland, obwohl es inzwischen Millionen nicht-weißer deutscher Staatsbürger gibt, die entweder eingebürgert wurden oder in Deutschland geboren sind.

Neben der Benachteiligung und Missachtung, die viele dunkelhäutige Menschen im Alltag erfahren, hat sich eine andere Form der Diskriminierung ausgebreitet, die manche Sozialwissenschaftler »antimuslimischen Rassismus« nennen, obwohl dabei nicht (wahrgenommene) Rasse, sondern Religion in den Fokus gerückt wird. Anhängerinnen und Anhänger des muslimischen Glaubens werden zu einer Gruppe zusammengefasst, die »uns« bzw. »unsere Identität« bedroht.

Ethnische Identität wird gern als ewig, von den Urvätern überliefert und deshalb als bewahrenswert dargestellt. »Wurzeln« sind dafür ein gern gebrauchter Topos, der Natur insinuiert. In der Wissenschaft sind demgegenüber immer mehr die voluntaristischen Aspekte der ethnischen Zugehörigkeit und die von Individuen und Gruppen vollzogenen diesbezüglichen Veränderungen in den Vordergrund getreten. Kulturanthropologen, wie bahnbrechend der Norweger Fredrik Barth, begannen die Ethnogenese von Gruppierungen in den ehemaligen Kolonien und heute auch in westlichen Einwanderungsländern zu untersuchen, wobei sie ihre Aufmerksamkeit zunehmend auf die Durchlässigkeit ethnischer Grenzen richteten. »Ethnie« stellte sich dabei als ein Begriff heraus, der mit »Rasse« einiges gemein hat. Es ist ein vager Begriff mit verschwommenen Rändern. Für Identitätsbehauptungen ist er deshalb keineswegs untauglich, sondern im Gegenteil sehr geeignet.

Statt durch das Festhalten an ihren uralten Traditionen definiert zu sein, sind viele Ethnien das Resultat von Verbindungen oder Abspaltungen der jüngeren Vergangenheit. Die Merkmale, die in solchen Prozessen zum Tragen kommen, sind selektiv und können nach Wunsch und Opportunität hervorgehoben oder außer Acht gelassen werden.

Bis zum Zerfall der Republik Jugoslawien bestand die Bevölkerung Bosnien-Herzegowinas aus Bosniern, Serben und Kroaten, sowie einer Reihe kleiner Minderheiten. Im Verlauf des Krieges zu Beginn der 1990er Jahre wurde der Islam, der in Jugoslawien »nur eine Religion« war, zum entscheidenden Merkmal der ethnischen Loyalität der Bosnier, woraus die Ethnie der muslimischen Bosniaken hervorging. Genetische Unterschiede zwischen Serben, Kroaten und Bosniern können Diskriminierung und Feindseligkeit nicht begründen. Und die sprachlichen Unterschiede sind so geringfügig, dass sie die Kommunikation nicht behindern. So wurde die Religion zum Hauptkriterium der Identitätsabgrenzung. Wenn der Glaube nach der Pfeife von Abstoßung und Hass tanzt, kann Frömmigkeit erbarmungslose Gewalt nicht verhindern. So stand etwa die Unabhängigkeit Indiens 1947 unter dem bösen Stern von Massakern zwischen Hindus und Muslimen, und es ist Indien bis heute nicht gelungen, blutige Konflikte zwischen den beiden primär über die Religion definierten Gruppen zu unterbinden.

Die ethnische Identität einer Bevölkerungsgruppe entfaltet sich immer und nur in Beziehung zu anderen Gruppen, und wie durchlässig die Grenzen einer Ethnie sind, hängt sehr weitgehend von der Art dieser Beziehung ab. Da es den ethnisch homogenen Nationalstaat – wie auch immer Ethnie definiert sei – praktisch nicht gibt, koexistieren in allen Staaten verschiedene Ethnien miteinander, auf unterschiedliche Weise und auf verschiedenen Ebenen, aber kaum, ohne dass es ein Machtgefälle zwischen ihnen gäbe.

Der Hierarchisierung ethnischer Gruppen entgegenzuwirken, ist eine große Herausforderung für offene, pluralistische Gesellschaften und ihre Staaten. Gelungen ist das bisher nirgends, auch nicht in den liberalen Niederlanden, und deshalb ist die Missbilligung bzw. der von der schwarzen Frau geäußerte Zweifel an der Möglichkeit unvoreingenommener Forschung des weißen Mannes nicht ganz so absurd, wie sie auf den ersten Blick erscheint. Sie muss sich allerdings die Frage gefallen lassen, ob sie den Wissenschaftler, der das Forschungsprojekt durchführen will und außerdem noch alle möglichen anderen Eigenschaften hat, nicht auf den weißen Mann reduziert und ihm damit die Fähigkeit abspricht, die Rolle des Erben weißer Kolonialherren abzustreifen; und ob das nicht einer unzulässigen Verallgemeinerung von unten entspricht. Von unten, weil die niederländische Gesellschaft eine klare ethnische Hierarchie aufweist, in der weiße Niederländer und Westeuropäer oben, und Bürgerinnen und Bürger mit familiärem Hintergrund in Surinam, den Antillen,

Türkei und Marokko unten stehen. Ähnliche Ethnostratifizierungen gibt es in allen westeuropäischen Ländern, die sich im Zuge der Entkolonialisierung und des Arbeitskräftemangels nach dem zweiten Weltkrieg der Zuwanderung geöffnet haben.

Aber bedeutet diese Art struktureller Benachteiligung, dass die Gesellschaft darin gefangen ist? Zweifellos ist die Frage nach der Schicksalhaftigkeit von Rasse für eine liberale Gesellschaft bedrückend. Aber ist sie schon ein für alle Mal beantwortet? Wie Staaten damit umgehen, ist ein Indiz dafür, wie diffizil die Kategorisierung von Menschen durch Menschen ist. Für die von Weber angeführten politisch erzeugten Abstammungsgemeinschaften der zwölf Stämme Israels und der hellenischen Phylen lassen sich in der Gegenwart Entsprechungen finden.

Die ethnische Klassifikation Singapurs ist dafür ein einschlägiges Beispiel. Für die britische Kolonialverwaltung bestand die Bevölkerung aus einer Vielzahl von »Rassen«, u. a. Kantonesen, Hokkienesen, Hakka, Hylam, an der Straße von Malakka gebürtige Chinesen, Malaien, Sumatraer, Javanesen, Buginesen, Boyanesen, Tamilen, Malayalen, Punjabis, Pathanen, Sikhs, Sindhis, Europäern und Eurasiern. Nach der Unabhängigkeit (von Großbritannien 1957, von Malaysia 1965) machte die Regierung Singapurs aus dieser Vielfalt vier Gruppen: Chinesen, Malaien, Inder und Andere. Wie die offensichtlich arbiträren »Anderen« waren auch die drei übrigen Gruppen innerlich heterogen, aber voneinander noch verschiedener, so dass sie im

Laufe der folgenden Jahrzehnte für die Betroffenen eine gewisse Realität erlangten. Aus der disparaten Bevölkerung der Kronkolonie wurden Staatsbürger Singapurs mit chinesischer, malaiischer und indischer Ethnizität. Mit dieser Einteilung reagierte die Regierung auf die Rassenunruhen, die zunächst die Unabhängigkeit überschatteten. Sie war nicht nur von symbolischer Bedeutung, da sie unmittelbare Folgen für Organisation und Dienstleistungen des Staates hatte, etwa bezüglich der Sprachen, die in Schulen und Behörden verwendet werden.

Ähnlich wie in Singapur wurde auch in Jugoslawien mit der Gründung als sozialistischer und föderaler Staat 1945 die Schaffung größerer Einheiten bzw. die Zusammenführung der Südslawen zu einem Staatsvolk angestrebt. In Jugoslawien scheiterte das Projekt und endete im Zerfall des Staates; in Singapur hatte es Erfolg.

Daten, die durch Volkszählungen erhoben werden, sind ein weiteres Beispiel für die Wandelbarkeit ethnischer bzw. rassischer Kategorien. So sah beispielsweise der US-Zensus 1860 nur drei Rassen vor: Weiß, Schwarz und Mulatte. 1900 wurden schon fünf »Rassen« erfasst: weiß, schwarz, chinesisch, japanisch und amerikanisch-indianisch. Ob eine Person als schwarz gezählt wurde, richtete sich bis Mitte des zwanzigsten Jahrhunderts nach der »Ein-Tropfen-Regel«. Ein noch so entfernter Vorfahr afrikanischer Herkunft machte eine Person schwarz. Neuerdings sehen offizielle amerikanische Statistiken folgende fünf Rassenkategorien vor: Indianer, Ureinwohner Alaskas, Asiaten, Schwarze oder

Afroamerikaner, Ureinwohner Hawaiis oder anderer Pazifikinseln und Weiß. 2014 wurde eine neue Kategorie mit dem Akronym MENA hinzugefügt: *Middle Eastern and North African*. Sie illustriert den konstruierten, aber rassistisch orientierten Charakter dieser Gruppen sehr deutlich.

Die Vielfalt nationaler Standards für die Erfassung ethnischer Daten zeugt von den Schwierigkeiten, objektive Kriterien zu finden. Dessen war sich bereits der am Beginn dieses Büchleins zitierte Begründer der deutschen Orientalistik Friedrich Rückert zu Beginn des neunzehnten Jahrhunderts bewusst, aber staatliches Handeln beeinflusst diese Einsicht erst in jüngster Zeit. In der BRD wurde aus der Erfassungswut des NS-Staats die Lehre gezogen, keine Daten zu Rasse, Ethnie bzw. Volkszugehörigkeit zu sammeln, nicht einmal zu den anerkannten nationalen Minderheiten der Dänen, Friesen, Sorben, Sinti und Roma. Ähnlich werden in Italien, Frankreich und Luxemburg von staatlichen Stellen generell keine Daten zu Ethnizität oder Rassenzugehörigkeit erhoben. In den Niederlanden wurden zeitweise »Autochtone« und »Allochtone« unterschieden, wobei letztere mindestens einen in Übersee geborenen Elternteil hatten. 2016 ließ die Regierung diese Kategorien jedoch als unbrauchbar wieder fallen. Das britische Statistikamt beschloss Anfang der 2000er Jahre, ethnische Daten nur nach Selbstdefinition zu registrieren, und auch das US Census Bureau bestimmt Rasse heute nach Selbstdefinition. Bei Erhebungen können sich die Befragten auch mehreren Rassen zuordnen.

Das 1995 vom Europarat beschlossene Rahmenabkommen zum Schutz nationaler Minderheiten betont ebenfalls die Bedeutung der freiwilligen Zuordnung. Es legt fest: »Jede Person, die einer nationalen Minderheit angehört, hat das Recht, frei zu entscheiden, ob sie als solche behandelt werden möchte oder nicht; aus dieser Entscheidung oder der Ausübung der mit dieser Entscheidung verbundenen Rechte dürfen ihr keine Nachteile erwachsen.«

Die Ersetzung vermeintlich objektiver durch subjektive Kriterien der Kategorisierung von Rassen und Ethnien wirft die Frage auf, weshalb diese Kategorien nicht aus den Bevölkerungsstatistiken eliminiert wurden. Was bedeutet es, die Zuordnung den Befragten zu überlassen? Dass sie selbst entscheiden können, was sie sein wollen und die entsprechenden Entscheidungen für relevant genug gehalten werden, um sie statistisch zu erfassen, deutet darauf hin, dass (wahrgenommene) Rassendifferenzierung eine gesellschaftliche Realität kollektiver Identitäten ist, die zu ignorieren manche Staaten nicht willens oder in der Lage sind.

Der administrative Umgang mit rassischer und ethnischer Vielfalt beruht nicht auf objektiven Kriterien und ist somit historisch kontingent. Die Erklärung der Menschen- und Bürgerrechte der Französischen Nationalversammlung von 1789 und die Allgemeine Erklärung der Menschenrechte von 1948 gaben der normativen Forderung Ausdruck, dass ethnische Unterschiede kein Anlass zu Diskriminierung sein dürfen. Bei neu zugewanderten Minderheiten erweist es sich am schwierigsten, diese Norm durchzusetzen, weswegen bezüglich der Behandlung ihrer Identitäten staatlicherseits noch viele Fragen offen sind. Einbürgerung, also der Erwerb der Mitgliedschaft in einer staatlichen Gemeinschaft, beinhaltet heutzutage selten explizite, auf Rasse bezogene Restriktionen. Andererseits gehören aber rassistisch motivierte Praktiken bei der An- und Aberkennung der Staatsangehörigkeit nicht überall der Vergangenheit an.

Wann werden aus Zuwanderern Einheimische? Wie groß muss eine Gruppe sein, um als solche anerkannt zu werden? Wie verhalten sich Staatsangehörigkeit und Ethnizität der Zugewanderten aus Sicht der aufnehmenden Staaten (z. B. Kurden bzw. Türken in der BRD und Berber bzw. Marokkaner in den Niederlanden)? Spielt die Ethnizität überhaupt eine Rolle oder allein die Staatsangehörigkeit des Herkunftslandes? Lässt sich eine Pflicht zur Anpassung an die Lebensweise der Mehrheit stringent begründen oder reichen die bestehenden Gesetze aus, um Frieden und Ordnung in der Gesellschaft zu gewährleisten? Vermehrte demographische Verschiebungen aus armen südlichen in reiche nördliche Länder einerseits und die Ideologie der Identität, die in letzteren zum Teil auch als Reaktion darauf um sich gegriffen hat, andererseits erschweren es, diese Fragen sachlich und besonnen zu diskutieren. Denn dank dieser Ideologie werden die anderen leicht ungefragt auf ihre Herkunft oder ethnische Zugehörigkeit reduziert, und aus der eigenen zufälligen Zugehörigkeit wird ein *Ismus*.

Ethnozentrismus ist die weit verbreitete Neigung, die eigene Gruppe als Mittelpunkt des Universums zu betrachten. Ethnozentrische Denkweisen und Attitüden unterschiedlicher Intensität sind aus Gruppen jeder Größe bekannt, auch aus hochkomplexen und innerlich heterogenen Gesellschaften. Die Idee des »(aus) erwählten Volkes« ist eine extreme Form des Ethnozentrismus, denn sie impliziert, dass andere wegen wer weiß welcher Schwächen und Fehler nicht erwählt wurden.

Für Staaten, die dem demokratischen Ethos der Gleichheit verpflichtet sind, wirft der Ethnozentrismus in Zeiten vermehrter Migration Probleme auf, wenn Einheimische und Zuwanderer an Regeln und Gepflogenheiten festhalten wollen, die nicht miteinander vereinbar sind. Daraus die Konsequenz zu ziehen, dass nur da, wo Gleichheit gegeben ist, Gleichheit praktiziert werden kann, wäre fatal, führte sie doch letztlich zu ethnischer Säuberung: »Ausländer raus!«

Das Ideal der Schmelztiegelgesellschaft, in der sich alle Elemente unangesehen ihrer Größe und Macht harmonisch zu einer neuen Legierung verbinden, ist in der Moderne nirgends verwirklicht worden, da sowohl Stereotype als auch Machtgefälle weiter bestehen und heute auch die Schwachen und Unterprivilegierten darauf bestehen, eine eigene Identität zu haben. Zum Teil geschieht das als Reaktion auf den Ethnozentrismus der Mehrheit, die Minderheiten ausgrenzt, nicht selten unter Hinweis auf ihre ethnische, religiöse, mehr oder weniger undefinierte traditionelle Identität oder Abstammung – z. B. »das christliche Abendland«. Das Ideal der Gleichbehandlung mit Duldsamkeit (Toleranz) für Andersartigkeit zu versöhnen, erweist sich oft als schwieriger Balanceakt. Das liegt zum großen Teil an der sozioökonomischen Ungleichheit der koexistierenden Gruppen, die ihrerseits dazu beiträgt, die rassischen und ethnischen Kategorien zu perpetuieren. Wir sollten hier nicht Ursache – das Anders-sein – und Wirkung – das Anders-bleiben – miteinander verwechseln.

Ethnische Identitäten sind Kategorisierungen einer Gesellschaft, deren Bedeutung sich Außenstehenden nicht unbedingt direkt erschließt. Mitgliedschaft mag ererbt oder erworben sein und ist häufig Ergebnis gesellschaftlicher Auseinandersetzungen um Anerkennung, Abspaltung oder Ausgrenzung. Trotz der voluntaristischen Elemente, die diese Prozesse beinhalten, ist das Ergebnis nicht immer eine harmonische Übereinkunft. Dabei verändern sich unter Umständen die Inhalte, um die gestritten wird.

Rassisten bemühen äußerliche Merkmale wie Pigment, Augenform, Lippenbreite etc., um Populationen zu unterteilen. Die Bekämpfung des Rassismus richtete sich zunächst gegen die Instrumentalisierung derartiger Unterteilungen zum Zweck der Diskriminierung. Paradigmatische Fälle waren die Aufarbeitung des Antisemitismus in Europa nach dem Zweiten Weltkrieg, die Bürgerrechtsbewegung der 1950er und 60er Jahre in den USA und die Boykott-Bewegung, die in den 1990er Jahren zur Abschaffung des Apartheit-Regimes in Südafrika führte. In all diesen Fällen war Gleichberechtigung und Gleichbehandlung aller das Ziel.

Heutzutage beinhaltet der Kampf gegen Rassismus demgegenüber häufig den Wunsch nach Anerkennung einer eigenen Identität. Das ist als Reaktion darauf zu verstehen, dass Bekenntnisse zu Gleichberechtigung vielfach nicht mehr waren als hohle Worte, die nicht in faktische Gleichbehandlung umgesetzt wurden und strukturelle Diskriminierung, insbesondere die ökonomische Ungleichheit verschiedener Gruppen, nicht beseitig haben. Das ist ein Grund dafür, dass Unterschiede nicht länger verwischt, sondern betont werden sollen. Gleichheit bedeutet somit heute etwas anderes als Mitte des zwanzigsten Jahrhunderts: Nicht mehr das Recht auf Gleichheit trotz ethnischer oder rassischer Unterschiede, sondern das Recht darauf, wegen dieser Unterschiede unterschiedlich behandelt zu werden. Ob oder inwieweit diese Veränderung im Verständnis dessen, was Gleichheit bedeuten soll, den gesellschaftlichen Zusammenhalt gefährdet, ist eine der dringlichsten Fragen, die sich pluralistischen Gesellschaften heute stellen.

In den vergangenen beiden Jahrzehnten war vielerorts eine Enttabuisierung des Rassismus zu beobachten, die all die desillusioniert hat, die glaubten, Holocaust, Zweiter Weltkrieg und Entkolonialisierung hätten diese Denkweise endgültig diskreditiert. Die abgeschlagenen Häupter der Hydra sind jedoch nachgewachsen. Xenophobie, weißer Suprematismus, Antisemitismus und besonders Antiislamismus sind wieder salonfähig, wobei an die Stelle des bürgerlichen Salons als Ort der Bildung und des Austauschs der öffentlichen Meinung die sozialen Medien getreten sind. Die Mechanismen der Reduktion, Stereotypisierung, Kollektivverdächtigung und Aufteilung der Gesellschaft in einander abstoßende, vermeintlich homogene Blöcke ist im Diskurs über den Umgang mit Einwanderung aus ärmeren Weltgegenden nach Europa präsent – auf beiden Seiten. Die Zunahme rechtsradikal und islamistisch motivierter Hasskriminalität bezeugt es.

Mechanismen der Ab- und Ausgrenzung sind nach wie vor wirksam. Pessimisten wie der Stanforder Humanbiologe Robert Sapolsky wollen das genetisch erklären, damit nämlich, dass Menschen auch nur Tiere sind, die ihr Territorium verteidigen. Optimistische Humanisten hingegen haben die Hoffnung noch nicht abgeschrieben, dass der Gedanke von der Würde des Menschen das Tier in uns zähmen kann, obwohl es nicht einfacher wird, daran festzuhalten, wenn wir an unsere nationale Identität denken.

5. Marziale pomposo

Nation: Feierlicher Lobgesang

Wenn schon die Zugehörigkeit zu einer Rasse oder Ethnie eine Frage der Entscheidung ist, überrascht es nicht, dass das auch für den Nationalstaat gelten könnte. Der Nationalstaat ist das Fundament der Weltordnung und die Organisationseinheit, in der Politik realisiert wird. Es ist aber schwierig, diese Einheit so zu definieren, dass sie nicht inhaltsleer und trotzdem umfassend ist; denn die 195 Staaten und zwei Beobachter (Vatikan und Palästina), die heute die Vereinten Nationen darstellen, sind offensichtlich von sehr unterschiedlicher Art.

Welche Kriterien muss eine Bevölkerungsgruppe erfüllen, um einen legitimen Anspruch auf einen autonomen Nationalstaat erheben zu können? Zwei Ansätze zur Beantwortung dieser Frage werden häufig unterschieden, die deutsche Naturtheorie und die französische Wahltheorie. Beide nahmen nach der Französischen Revolution Gestalt an, als Herrschaft nicht mehr von Gottes Gnaden war und neue Formen des Regierens und der Gemeinschaftsbildung entstanden. Für die romantische Position stehen die Namen Johann Gottfried Herders und Johann Gottlieb Fichtes, die auf den Ruinen des Heiligen Römisches Reiches »Volk« als eine Gemeinschaft verstanden, die im uralten Erbe von Kultur, Sitte und vor allem Sprache verwurzelt war und somit eine quasi-natürliche Einheit mit einer historisch fortbestehenden Identität darstellte.

Die gegensätzliche Position repräsentierte im republikanischen Geist der französische Historiker Ernest Renan. Er wollte die Nation nicht auf Rasse oder Sprache gründen; wichtiger sei der Wille der Bürger, gemeinsam zu leben und ihre Zukunft gemeinsam zu gestalten. Aus den Untertanen der Feudalordnung waren Staatsbürger geworden, die politisches Handeln legitimierten. Die Betonung der gewählten Schicksalsgemeinschaft kam in Renans eingängiger Definition der Nation als »alltäglichem Plebiszit« zum Ausdruck. Während Herder die Vergangenheit, die Musik und das in der Sprache aufgehobene Gedächtnis der Volksgemeinschaft hervorhob, betonte Renan ganz im Gegenteil die Selektivität des Gedächtnisses und die Bedeutung des Vergessens für die nationale Gemeinschaftsbildung. Etwas vereinfacht: Siege werden erinnert, Niederlagen vergessen.

Großer Zapfenstreich

Mit analytischem Blick und weniger pathetisch befand der Soziologe Norbert Elias, dass Nationalstaaten im und für den Krieg entstehen. Diese Sichtweise hat einiges für sich. Mit dem Übergang von feudalistisch strukturierten Großreichen und Kleinstaaten, die sich mit Söldnerheeren bekriegten, zu Nationalstaaten, deren Einwohner am politischen Prozess beteiligt sind, ging die Industrialisierung der Kriegsführung einher. Nun sollten Staatsbürger aufs Schlachtfeld, wozu sie überredet oder durch materielle Anreize bewegt werden mussten. Der moderne Staat stellt zu diesem Zweck Gemeingüter bereit, um sich die Unterstützung der Bevölkerung zu sichern und dieselbe dadurch gleichzeitig zu homogenisieren. Die Dienstleistungen des Staates sind solche Gemeingüter. Für die Bürger bedeutet die Teilhabe daran, dass sich ihre Loyalität von ihrem Hof, ihrem Dorf, ihrer Stadt bis auf den Staat ausdehnt. Schul- und Wehrpflicht sind hierfür die geeigneten Instrumente. Für die Entwicklung des Nationalstaats im achtzehnten und neuzehnten Jahrhundert sind beide gleich wichtig.

Ohne diese beiden Institutionen ist kein Staat zu machen, denn sie fördern nationale Identität. Das gilt für die scheinbar rationale Grundlage des Nationalstaates durch das tägliche Plebiszit seiner Einwohner nicht weniger als für romantische Phantasien vom Volksgeist. In einer Bevölkerung, die nicht durch das Schulsystem, nationale Symbole wie Hymnen, Märsche, Fahnen und staatlich finanzierte Einrichtungen wie Nationalmuseen, Nationaltheater, nationale Symphonieorchester, nationale Feiertage und Festivals etc. homogenisiert wäre, blieben diese Ideen wirkungslos. Die Preisung der eigenen Nation in Heldensagen, Volksliedern und Denkmälern dient in Friedenszeiten der Schaffung eines Zugehörigkeitsgefühls, beispielhaft etwa das monströse Monument für Vittorio Emanuele II auf dem Kapitolshügel in Rom, das an die Einigung Italiens 1861 erinnert und als »Altar des

Vaterlands« bekannt ist. Der von Napoleon angeregte und 1836 unter Louis-Philippe fertiggestellte Arc de Triomphe in Paris ist als Grab des unbekannten Soldaten bis heute das wichtigste Denkmal französischen Nationalbewusstseins. Auf dem Dam-Platz mitten in Amsterdam steht seit 1956 das Nationaldenkmal der Niederlande, das dem Gedenken des Widerstands gegen die deutsche Besatzung und dem Frieden gewidmet ist.

Nationaldenkmäler sind Identifikationsangebote, die häufig auf Unabhängigkeits- oder Befreiungskriege hinweisen. Aus anderen Gründen errichtete Monumente können im Lauf der Zeit zu nationalen Symbolen werden, wie beispielhaft die Freiheitsstatue im Hafen von New York. Ein Geschenk Frankreichs an die Vereinigten Staaten, wurde sie 1886 eingeweiht und 1924 offiziell zum Nationaldenkmal erklärt. Insbesondere in aus europäischen Kolonien hervorgegangenen Staaten dienen Nationaldenkmäler dazu, den Aufbau staatlicher Institutionen und die Identifikation der Bevölkerung mit ihnen symbolisch zu unterstützen. Für Staats- und Nationsbildung sind Symbole außerordentlich wichtig, da sie die Vorstellungskraft mehr ansprechen als Finanzämter oder Rathäuser. Einrichtungen dieser Art dienen zwar ähnlichen Zwecken, eignen sich aber wenig als Bezugspunkte der Einforderung bedingungsloser Loyalität und der Kultivierung von Vaterlandsliebe, Nationalstolz und Volkscharakter. Diese Aspekte der Staats- und Nationsbildung sind Teil der säkularen Religion, genannt »Nationalismus«. Solange sie lediglich Solidarität und Zusammenhalt in einer Bevölkerung festigt, ist sie harmlos, ja, man kann in ihr einen positiven Beitrag zur Vergemeinschaftung erkennen. Dazu kommt es jedoch häufig nicht, denn Inklusion und Exklusion bedingen einander, jedenfalls im modernen Staat, dessen Existenz die Möglichkeit voraussetzt, Massen zu mobilisieren, um den Feind abzuwehren. Er wird immer nur abgewehrt, niemals angegriffen. »Für das Vaterland in den Tod« zu gehen, wird als Apell dargestellt, der sich an Opferbereitschaft, Ehre, Verantwortung und andere noble Gefühle richtet, die im Nationalstaat nicht mehr allein dem Adel vorbehalten sind. Mit solchen Apellen werden Bürger aufgefordert, den Krieg zu ihrer Sache zu machen, sich damit zu identifizieren und so zu einem »leidgeprüften« Staatsvolk zu werden. Die patriotische Hymne auf den Lippen sollte das erleichtern. Komponisten des national(istisch)en neunzehnten Jahrhunderts taten das ihre, um die Bevölkerung darauf einzustimmen, z. B. Bedřich Smetana mit dem Zyklus »Mein Vaterland«, Richard Wagner mit dem »Ring der Nibelungen« oder Jean Sibelius mit seiner nationalromantischen Tondichtung »Finlandia«. Auf dem Dresdner Fest des Deutschen Sängerbundes 1866 zelebrierte Gustav A. Fricke das deutsche Volk »um deines Liedes willen – ein Stück deines innersten, gottgegebenen Wesens«.

Eine Funktion der geistlichen Musik am Hochaltar der Nation war die Herstellung des Bewusstseins einer gemeinsamen Identität, an das dann auch appelliert werden konnte, um innere Konflikte durch Feindseligkeit nach außen zu reduzieren. Hilfreich ist dabei die verbale patriotische Indoktrinierung, die zu Kriegszeiten in negative Propaganda zur Herabwürdigung anderer Nationen abgleitet. Im Chor die Nationalhymne zu singen, verbindet bis zur körperlichen Synchronisierung des Herzschlags. Dass »das Blut unserer Feinde die Furchen unserer Äcker tränken möge«, heißt es in der Marseillaise von 1792. »Sie sollen ihn nicht haben den freien deutschen Rhein, ob sie wie gierige Raben sich heiser danach schrein«, grölte Nikolaus Becker mit seinem Nationallied 1840 zurück. Martialische Töne werden in vielen Nationalhymnen angeschlagen. Liederbücher für die Schützengräben wie das deutsche Kaiserliederbuch von 1906 gab es allenthalben. Mitsingen konnte jeder, auch wenn er den Text vielleicht nicht verstand. Die Marschmusik unterstützte die Integration ins Militär und darüber die Identifizierung mit der Nation. Mit Musik wurde um gefallene Kameraden getrauert, die durch ihren Tod die nationale Identität in weiteren Kreisen der Bevölkerung verfestigten.

Markt-Musik

Ist Krieg zwischen mehr oder weniger konsolidierten Staaten für ihren Erhalt inzwischen weniger wichtig geworden? Manches deutet darauf hin. Seit Ende des Zweiten Weltkriegs hat die Anzahl internationaler Kriege abgenommen. Gleichzeitig haben jedoch bewaffnete innerstaatliche Konflikte – häufig mit externer Einmischung – zugenommen. Dennoch, stolz erhobenen Hauptes mit dem Gewehr über der Schulter fürs

Vaterland in den Tod zu marschieren, ist im Zeitalter nuklear bestückter Marschflugkörper, in dem militärische Siege von Profis hinterm Bildschirm errungen werden, ein Anachronismus. Entsprechend ist seit den 1970er Jahren ein globaler Trend weg von der Wehrpflicht hin zur Berufsarmee zu beobachten. Während es in den 1960er Jahren noch in 80 Prozent aller Länder Dienstpflicht gab, war dieser Anteil 2010 auf weniger als 50 Prozent gesunken. An die Stelle der Demokratisierung des Krieges im neunzehnten Jahrhundert ist seine Professionalisierung im einundzwanzigsten Jahrhundert getreten. Die Wehrpflicht, argumentierte schon der Schutzheilige der freien Marktwirtschaft, Milton Friedman von der Chicagoer Schule, ist eine Einschränkung der Freiheit des Einzelnen und deshalb ineffizient. Wer gezwungenermaßen dient, ist weniger motiviert und kann sich überdies nicht entsprechend seinen Fähigkeiten verkaufen. Da sie befristet ist, verhindert Wehrpflicht Spezialisierung und langfristige Kompetenzsteigerung. Fazit: In der Epoche der Ökonomisierung aller Lebensbereiche muss auch das Kriegshandwerk den Gesetzen des Marktes gehorchen.

Da der martialische Nationalismus dadurch potentiell geschwächt wird, tritt ihm der Wirtschaftsnationalismus zur Seite, was sich in Gesetzen zum Schutz der nationalen Industrie, in der Missachtung oder Aufkündigung multilateraler Handelsabkommen und im Verbot oder öffentlichkeitswirksamer Kritik grenzüberschreitender Unternehmensübernahmen äußert. Wirtschaftsnationalistische Politik und Polemik ist eine

Form des Ablenkungsnationalismus, der vorgeblich die Nation gegen Gefahren von außen verteidigen will, aber tatsächlich nach innen gerichtet ist. An oberster Stelle der Liste der inneren Probleme, von denen abgelenkt werden muss, steht die ungleiche Einkommens- und Vermögensverteilung. Den meisten reichen Industrieländern ist es im vergangenen Vierteljahrhundert nicht gelungen, die Wirtschaft wachsen zu lassen, ohne die soziale Ungleichheit weiter zu vergrößern.

In Zeiten des Überflusses, wenn auch die Armen ein Auskommen und vor allem die Hoffnung haben, dass es besser wird, ist die durch den Markt geschaffene Ungleichheit kein großes Problem. Anders in Zeiten der Knappheit und der Krise wie gegenwärtig, wo aufstrebende Mächte der (ehemaligen) dritten Welt, insbesondere China, aber auch Südostasien und Indien unabweisbare Ansprüche stellen, am globalen Reichtum teilzuhaben. Was teils tatsächlich, teils nur in der individuellen Wahrnehmung zu Lasten der unteren Schichten westlicher Länder geht. Dagegen aufstehen zu wollen, ist ein wirksames politisches Rezept. Die Führungsmacht der freien Welt gibt hier wie in vielen anderen Bereichen mit dem krassesten Abstand zwischen arm und reich den Ton an und stößt seit den Präsidentschaftswahlen 2016 am lautesten ins Horn des Wirtschaftsnationalismus. Dass umgekehrt die skandinavischen Länder, die das geringste Maß an Ungleichheit aufweisen, auch wenig mit nationalistischen Parolen von sich reden machen, lässt den allgemeinen Zusammenhang erkennen: Je größer die Ungleichheit, desto größer auch die Neigung zu wirtschaftsnationalistischer Rhetorik und Politik. Die frischen Winde des transnationalen Zeitalters haben also den Nationalismus keineswegs hinweggeblasen, sondern ihm nur ein anderes Gesicht gegeben und damit neues Leben eingehaucht.

Ein ziemlich ausdrucksloses Gesicht ist es, das außer dem Widerstand gegen die Schwächung der eigenen Identität keinerlei konkrete Orientierung für die Zukunft bietet. Die programmatische Leere macht diese Form des Nationalismus jedoch sehr anpassungsfähig. Anders als rassistisch, sprachlich-völkisch und religiös fundierter Nationalismus braucht Wirtschaftsnationalismus nicht unbedingt all diejenigen auszuschließen, die nicht zur eigenen Nation gehören. Wer dem ökonomischen Nutzen der Nation dient, ist willkommen und kann ihr zugerechnet werden.

Nationalistische Unduldsamkeit bleibt unterdessen trotzdem auf der Tagesordnung. Beispielhaft meldete sich der ehemalige italienische Innenminister Matteo Salvini als Zeuge der Renaissance des völkischen Nationalismus zu Wort, als er sich darüber ereiferte, dass der gebürtige Mailänder Alessandro Mahmoud den ersten Preis des Musikfestivals von San Remo 2019 gewann, obwohl sein Lied nicht-italienische Wörter enthielt und er einen aus Ägypten stammenden Vater hat. Rechtsradikale Kollegen in etlichen europäischen Ländern teilen seine Sorge um die traditionelle italienische Identität, die weiß, christlich, heterosexuell und nördlich ist.

Was gehört außer Rasse, Religion und sexueller Orientierung noch zur nationalen Identität, und was nicht?

Sind z. B. Bier trinken, auf der Autobahn rasen und Konzentrationslager bauen Teile der deutschen Identität? Sklaven halten, Apfeltorte essen und übergewichtig sein solche der amerikanischen? Wer solche Fragen frivol oder empörend findet, muss dann dazu in der Lage sein, auf stichhaltige Weise zu sagen, worin sie denn nun bestehen, diese Identitäten. Wenn nationale Identität eine bloße Phantasie ist, wodurch wird sie dann bedroht? Sollte »italienische Identität«, »deutsche Identität«, »französische Identität« vielleicht immer mit einem Zeit-Index, etwa »am 31.12.2020«, gedacht werden? Dass die nationale Identität heute dieses beinhaltet und morgen jenes, ist ziemlich sinnlos. Denn Unveränderlichkeit ist ja gerade eins der vermeintlichen Elemente der nationalen Identität. Andererseits ist es müßig, nach der nationalen DNA zu suchen, die über Jahrhunderte Bestand hat.

Im November 2009 löste der damalige französische Präsident Sarkozy – der väterlicherseits einer adligen ungarischen Familie und mütterlicherseits einer sephardisch-griechischen Familie entstammt und vielleicht deshalb ein besonderes Interesse daran hatte – mit einer Frage an die Öffentlichkeit eine monatelange Debatte aus: »Was bedeutet es für Sie, französisch zu sein?« Die Vielfalt der Antworten, die daraufhin diskutiert wurden, illustrierte einen allgemeinen Zusammenhang. Wenn in Nationalstaaten darüber nachgedacht wird, was ihre Bürger (außer Fußball) zusammenhält, gibt es mehr Dissens als Konsens. Dessen ungeachtet entschied das höchste französische Verwaltungsgericht (Conseil d'Etat), dass einem Antragsteller die Einbürgerung verweigert werden kann, wenn er Verhaltensweisen an den Tag legt, die mit den für die französische Gemeinschaft *wesentlichen Werten* unvereinbar sind. Was diese Werte sind, ließ das Gericht offen. Es muss also von Fall zu Fall entschieden werden, nicht grundsätzlich, sondern pragmatisch. Denn einem einzigen Richter oder auch Gericht kann es schlecht überlassen werden, was die wesentlichen Werte der Nation, was der Kern der nationalen Identität ist. Wem dann? Wird es am Katheder, auf der Kanzel, am Stammtisch oder im Wahllokal entschieden? Und wie vieler Stimmen bedarf es?

Wie viele Sänger machen einen Chor?

Irland, Kroatien, Litauen, Slowenien, Lettland, Estland, Zypern, Luxemburg und Malta haben weniger Einwohner als Katalonien. Sie sind allesamt Mitglieder der Europäischen Union; Katalonien nicht. Estland hat eine Bevölkerung von 1,3 Millionen, etwas weniger als Mailand, geniest aber innerhalb der EU Souveränität mit anerkannter Nationalsprache und anderen Merkmalen der Eigenstaatlichkeit. Manche Katalanin und mancher Katalane hadert mit dem Schicksal, das ihnen diese Rechte verweht hat, bzw. mit der Regierung in Madrid. Obwohl völlig ungewiss ist, ob es ihnen besser ginge, wenn Katalonien ein unabhängiger Nationalstaat wäre, singen sie mit Inbrunst »Vertreibt diese Leute, die so überheblich und verächtlich sind!«, einen Vers der katalanischen Hymne. Innerhalb der EU sind die Katalanen die größte nationale Minderheit. Je nach den angewandten Definitionskriterien gibt es in der EU

Dutzende, selbst hunderte von Minderheiten. Viele wie die Bretonen, die Sorben, die Helgoländer und die Friuler sind zu klein oder zu schwach, um Eigenstaatlichkeit zu beanspruchen. Aber wo liegt die Grenze?

Mit der numerischen Größe verhält es sich genauso wie mit der zeitlichen Beständigkeit: das alte Sorites-Paradox. Machen drei Körner ein Sandhaufen? Vier, fünf, sechs? Wenn drei Tenöre die Hymne singen, reicht das schon für den Nationalchor? Die Grenzziehung ist willkürlich. Es kommt weniger darauf an, was ist, als was »wir« sein wollen. Die Zauberformel heißt »Selbstbestimmung«. Sie kam in Gebrauch, als die Vielvölkerreiche der Habsburger, Osmanen und Romanows zerfielen und neue politische Strukturen gefunden werden mussten. Sowohl US-Präsident Woodrow Wilson als auch der russische Revolutionsführer Vladimir Lenin setzten sich am Ende des Ersten Weltkriegs für die Selbstbestimmung der Völker ein, ließen die Frage, wer sie einfordern können soll, aber offen – ganz so, wie das französische Verwaltungsgericht die Frage nach den wesentlichen Werten der Nation offenließ.

Wie problematisch die Realisierung des Prinzips der Selbstbestimmung von Anfang an war, illustriert die kurze Geschichte des 1920 von 32 Staaten gegründeten Völkerbunds und der zahlreichen Beitritte und Austritte bis zu seiner Auflösung 1946. Während dieses Vierteljahrhunderts formierte sich in der südlichen Hemisphäre eine zweite Welle von Forderungen nach Selbstbestimmung und Befreiung von der Vorherrschaft des weißen Mannes, die in den Jahrzehnten nach dem Zweiten Weltkrieg in der Entkolonialisierung mündete.

In Europa und in den Kolonien und Mandatsgebieten galt Selbstbestimmung als Hebel zur Beseitigung autokratischer Herrschaftsformen und wichtiger Schritt in Richtung Demokratie. Der griechische Freiheitskampf 1821–1829 wurde oft als Vorbild hochgehalten, da die Griechen innerhalb des Osmanischen Reichs eine relativ deutliche Identität für sich reklamieren konnten, basierend auf Geschichte, Territorium, Religion und Sprache. In anderen Fällen jedoch und in mancher Hinsicht auch in dem der Griechen beruht der Gedanke, dass eine Gruppe aufgrund ihrer Verschiedenheit von anderen Gruppen dazu in der Lage sein sollte, das politische Schicksal der Bevölkerung innerhalb der Staatsgrenzen selbst zu bestimmen, auf einer Fiktion, die oft genug selber Unterdrückung bzw. Nichtanerkennung von Identitätsbestrebungen rechtfertigt. Den griechischen Minderheiten der Mazedonier, Türken, Pomaken und Albaner hat die Regierung in Athen trotz wiederholter Abmahnungen des Europäischen Gerichtshofs für Menschenrechte konsequent die Anerkennung verweigert.

Die Idee des Nationalstaats impliziert beinah zwangsläufig die Marginalisierung von Minderheiten. Potentiell problematisch sind insbesondere grenzüberschreitende Volksgruppen wie die Tiroler, Elsässer und Mazedonier. Im Falle ihrer mazedonischen Minderheit taten sich die Griechen besonders schwer, weil an ihrer Grenze 1991 aus dem zerfallenen Jugoslawien ein Ministaat mit zwei Millionen Einwohnern entstanden war, der so heißen wollte wie Griechenlands nördliche Provinz auf der anderen Seite der Grenze, »Mazedonien«. Namen sind wichtige Identitätszeichen, weswegen Regierungsvertreter beider Seiten 27 Jahre brauchten, bis sie sich auf »Republik Nordmazedonien« als offiziellen Namen des neuen Staates einigen konnten.

In der EU hat es viele Initiativen gegeben, um die offenkundige, aber lange ignorierte Unvereinbarkeit von Nationalstaat und nationaler Selbstbestimmung in friedliche Bahnen zu lenken. Sie rührt daher, dass die Zahl der Volksgruppen oder Nationalitäten die der souveränen Staaten oder Nationen um ein Vielfaches übertrifft. Minderheitenschutz musste deshalb in demokratischen Staaten zu einem wichtigen Thema werden. Wenn Gleichheit keine leere Phrase bleiben soll, kann in der Bevölkerung eines Staates nicht eine Identität mehr wert sein als andere. Die völkischen Nationalisten sehen das anders, aber dessen ungeachtet ist Minderheitenschutz heute weithin gesetzlich geregelt und wird auf EU-Ebene, häufig unter Bezugnahme auf die Europäische Menschenrechtskonvention, gefördert und kontrolliert. Gelöst sind alle Probleme damit nicht, woran nationalistische Bewegungen z. B. in Katalonien, Korsika und Schottland ebenso wie neue Nationalismen im Ostseeraum erinnern. Den Katalanen, Korsen und Schotten und vielen anderen wird allgemein eine eigene Identität attestiert und rechtlich geschützt. Regionale Autonomie, auch »interne Selbstbestimmung« genannt, wird manchen Gebieten eingeräumt wie z. B. Südtirol und Schottland, was explizit mit der Erhaltung der Identität der entsprechenden Volksgruppe begründet wird. Manchmal werden jedoch auch Ansprüche erhoben, denen bis dahin eine Grundlage fehlte, wie etwa im Falle der Nordmazedonier, die plötzlich zur Selbstbestimmung verdammt waren, weil sich der Vorgängerstaat aufgelöst hatte.

Und dann gibt es gelegentliche Kapriolen wie »Padania«, der propagandistische Name einer fiktiven Nation in der Po-Ebene, der von der rechtsradikalen Lega Nord verwendet wurde, um die Abspaltung des reichen Nordens vom armen Süden Italiens zu begründen. Letzterer, der Mezzogiorno, wurde von den Legisten als Ausland, quasi eine andere Nation, die nicht in den Genuss staatlicher Redistribution kommen sollte, stigmatisiert. Seit die Lega auch außerhalb Padanias auf Stimmenfang ging und damit in Rom in die Regierung kam, tilgte sie »Nord« flugs aus dem Namen der Partei, und Padania verschwand in der Versenkung.

Die Frage der Identität und Selbstbestimmung Padanias war damit vom Tisch, aber das Beispiel illustriert, was auch zu Friedenszeiten in konsolidierten Nationalstaaten möglich ist. Zurückzuführen ist das, jedenfalls zum Teil, darauf, dass es im Völkerrecht keine allseits akzeptierte Definition des Begriffs »(nationale) Minderheit« gibt. Das ist umso erstaunlicher, als die Organisation für Sicherheit und Zusammenarbeit in Europa (OSZE) schon 1992 das Amt des Hochkommissars für Nationale Minderheiten – Sitz in Den Haag – schuf und die Mitglieder des Europarats 1995 das Rahmenabkommen zum Schutz nationaler Minderheiten und die Europäische Charta der Regional- oder Minderheitensprachen verabschiedeten. Beide Verträge traten 1998 in Kraft.

Rasse, Kultur, Religion, Sprache und Geschichte sind die gängigen Kriterien für die Unterscheidung von Bevölkerungsgruppen mit eigener Identität, aber ob der Abstand zwischen Minderheit und Mehrheit groß genug ist, um sie als nationale Minderheiten anzuerkennen und ihnen Sonderrechte für die Pflege ihrer Identität, z. B. in der Schulbildung, einzuräumen, bleibt in vielen Fällen Ermessenssache. Es ist eine politische Frage, deren Antwort deshalb vielleicht nicht zufällig, aber auch nicht gottgegeben oder auf andere Weise zwingend ist.

In der wissenschaftlichen Beschäftigung mit kollektiver Identität hat mittlerweile der von dem Politologen Benedict Anderson eingeführte Begriff der »erdachten Gemeinschaft« einen festen Platz. Er erinnert an Max Webers Theorie der Abstoßung als Grundlage der Bildung ethnischer Gruppen und steht für ein Verständnis der Nation als geschaffener, variabler und heterogener Gemeinschaft im Gegensatz zu der kohärenten, klar abgegrenzten, die Zeiten überdauernden Einheit, als die sie oft dargestellt wird.

Vorstellungen und Legenden sind keine Tatsachen, aber in der Welt der Politik können sie Tatsachen schaffen. Dass eine alte Sitte, die eigene Herkunft, die Unterscheidung von den anderen erfunden ist, heißt zwar, dass all dies auch anders sein könnte, aber wenn eine

Gruppe von Menschen lange genug daran glaubt, gewinnt der Inhalt an Gewicht, und es spielt dann keine Rolle mehr, ob er überliefert oder erdichtet ist. Denn seine Hauptfunktion ist es, als identitätsstiftender Bezugspunkt der Gemeinschaftsbildung zu dienen. Das wiederum impliziert prinzipielle Instabilität, wie sie etwa das Zusammenfügen und Auseinanderbrechen von Ländern wie der Tschechoslowakei, Jugoslawien, Sowjetunion, Sudan, Ost-Timor, BRD und DDR u. a. im zwanzigsten Jahrhundert exemplifizieren. Wer oder was Anspruch auf Selbstbestimmung erheben konnte, war in diesen Fällen wie in vielen anderen nicht so klar.

Der Fall Kataloniens illustriert den langen Schatten der Geschichte und das ambivalente Verhältnis von Nationalstaat und Identitätsansprüchen einer Minderheit, denn in Katalonien sind die Grenzen zwischen den für die soziale Integration wichtigen und harmlosen Aspekten der Identität und ihrem zerstörerischen Potenzial durchaus fließend. Mit Sympathie sieht man eine Minderheit, die sich gegen eine dominante Mehrheit auflehnt; und mit ebenso viel Antipathie eine engstirnige Kirchturmpolitik, die auf ihrer Identität als exklusiv und unwandelbar beharrt. Innerhalb des spanischen Staatsverbands ist Katalonien reich. Das erleichtert das Insistieren auf einer separaten Identität, die der spanische Staat der »autonomen Gemeinschaft« durchaus zugesteht. Aber die Kraft der Abstoßung im Namen der eigenen Identität, der Hass auf die anderen, »die so überheblich und verächtlich sind«, ist ungebrochen. Dazu hat die Regierung in Madrid durch ihr eigenes herrisches Autoritätsgehabe ihren Teil beigetragen.

Katalonien genießt interne Autonomie bezüglich institutioneller Organisation, Sprache, Kultur sowie anderer öffentlicher Aufgaben wie Stadtplanung, Straßenbau und Umweltschutz. Amtssprachen sind Katalanisch, Spanisch und Aranesisch. Zweisprachige Erziehung ist gewährleistet. Über eine Trennung vom spanischen Staat kann Katalonien wie die anderen Autonomen Gemeinschaften jedoch gemäß der auch in Katalonien mit großer Mehrheit angenommenen Verfassung des Spanischen Königreichs von 1978 nicht ohne Zustimmung der Zentralregierung entscheiden.

Unterschiede zwischen Spanisch und Katalanisch wie auch solche der beiden Kulturen sind, wenn sich das messen lässt, nicht größer als zwischen Deutsch und Bayerisch. Sie könnten als regionale Ausprägungen heruntergespielt oder zum Eckstein der Forderung nach nationaler Selbstbestimmung aufgebauscht werden. Wenn die Anhänger des FC Barcelona bei einem Match um 17:14 Uhr anfangen zu *lärmen*, tun sie das, um ihre Mannschaft anzufeuern und um an die Schmach zu erinnern, dass Barcelona 1714 nach einjähriger Belagerung durch kastilische Truppen im Spanischen Erbfolgekrieg kapitulierte. Andere bringen ihrer Sympathie für die Separatisten mit katalanischen Flaggen zum Ausdruck, die sie von ihren Balkons hängen.

Für den katalanischen Nationalismus spielt die Sprache eine besonders wichtige Rolle. Dass Katalanisch als Amtssprache anerkannt ist, genügt den Separatisten nicht, denn Gleichheit mit Spanisch ist nicht gegeben. In der EU, die eine Sprache pro Mitgliedsstaat akzeptiert und damit das Prinzip des Sprachnationalismus festschreibt, genießt Katalanisch nur semioffiziellen Status, obwohl es ungefähr ebenso viele Sprecher hat wie z. B. Dänisch und Kroatisch, fünfmal so viele wie Estnisch und zehnmal so viele wie Maltesisch, die alle offizielle Sprachen der EU sind. Dem Argument, dass Katalanisch und Spanisch mit einem zu ca. 85 Prozent geteilten Vokabular weitgehend interkommunikabel sind, begegnen Separatisten mit dem Hinweis, dass es nicht auf absolute Differenzen ankomme, sondern nur darauf, relevante Unterscheidungen markieren zu können. Und dafür reiche der Abstand zum Spanischen aus.

Eine solche auf subjektive Entscheidung reduzierte Unterscheidung bestätigt einmal mehr die These von der erdachten Gemeinschaft und führt zu der Frage, ob ähnliche Trennlinien nicht auch innerhalb der katalanischen Gemeinschaft gezogen werden könnten. Die Diskussion darüber, ob Valenzianisch ein katalanischer Dialekt oder, wie Katalanisch, eine Sprache Spaniens ist, zeigt, wie begründet diese Frage ist und dass sprachbasierte nationalistische Abgrenzungen und nationale Identitäten in vielen Fällen Anschauungssache sind.

Hinzu kommt das potenzielle Problem der Behandlung von Nicht-Katalanen in einem unabhängigen katalanischen Nationalstaat. Nach einer Umfrage von 2017 betrachten 36 Prozent der Einwohner Kataloniens ihre Identität als spanisch und katalanisch, 35 Prozent als primär oder ausschließlich katalanisch und 14 Prozent als primär spanisch. 6 Prozent können mit der Frage nichts anfangen. Ein homogenes Katalonien zeichnet sich nicht einmal am fernen Horizont ab.

Kadenz

Dass Sprache, Ethnizität und Geschichte modellierbar sind und in den Dienst der Abstoßung gestellt werden können, bedeutet nicht, dass es keine unterdrückten Nationalitäten mit berechtigten Anliegen gäbe, deren Erfüllung mit Gewalt verhindert wird. Man denke etwa an die Palästinenser, deren Anspruch auf Selbstbestimmung die israelische Regierung wiederholt als rechtens anerkannt hat, sich aber weigert ihm stattzugeben. Kurdistan, Tibet, das Uigurische Autonome Gebiet Xinjiang, Kashmir und Abchasien sind andere Regionen, deren Bewohner teils oder mehrheitlich den Staatsverband verlassen wollen, zu dem sie gehören, und zu diesem Zweck teils gewaltsame Mittel einsetzen. Das Prinzip der nationalen Selbstbestimmung wird in solchen Fällen unweigerlich ins Feld geführt. Dass dem selten Erfolg beschieden ist, liegt einerseits an den gegebenen Machtverhältnissen und andererseits daran, dass diesem Prinzip im Völkerrecht eine Bestimmung darüber fehlt, auf welche Gruppen es anwendbar ist. Bei ungelösten Konflikten um Selbstbestimmung prallen zwei Nationalismen aufeinander, derjenige der Staatsnation und derjenige der nach Abspaltung strebenden Minderheit.

Als Ideologie schwankte Nationalismus immer zwischen Emanzipation und Unterdrückung, rechtfertigte Imperialismus ebenso wie Anti-Imperialismus. Wo steht er heute, im postmodernen Zeitalter der Globalisierung? Wo steht er unter den Bedingungen der digitalen Kommunikation, die einerseits so leicht eine grenzüberschreitende Öffentlichkeit schafft und andererseits den direkten deliberativen Dialog als Motor demokratischer Normsetzung auszuhebeln droht? Wo steht die Berufung auf nationale Identität im Zeitalter der neuen Völkerwanderung von Süd nach Nord? Hat die nationale Identität ausgedient?

Wohl kaum. Denn obwohl gelegentlich totgesagt, ist der Nationalstaat nach wie vor die vorherrschende politische Organisationsform, die trotz der Probleme, die mit ihm wegen fehlender universeller Rechtsnormen für die Definition von »Nation« und »Nationalität« verbunden sind, mehr Menschen erlaubt, ihre Bedürfnisse nach Gemeinsamkeit und Abstoßung zu befriedigen als alle denkbaren Alternativen. Gerade in Zeiten zunehmender Verunsicherung durch beschleunigten gesellschaftlichen Wandel – durch Globalisierung, Digitalisierung, Bevölkerungsalterung und Migration – scheint der Nationalstaat ein sicherer Hafen zu sein. Er wird deshalb von vielen Demagogen zum Schutzwall der eigenen Identität stilisiert, während andere ihn als Rahmen akzeptieren, dessen Inhalt nicht nur unwillkürlich dem historischen Wandel unterliegt, sondern auch bewusst formbar ist. Erstere betonen die exklusive, letztere die inklusive Kraft der nationalen Identität.

Neben ihr gibt es andere Identifikationsangebote, die den Nationalstaat bezüglich Zugehörigkeit und Sicherheit ergänzen und Gründe und Vorwände für Abstoßung und Diskriminierung bieten. Seit wir nicht mehr entweder Sozialisten oder Kapitalisten sind, wird Kultur in diesem Zusammenhang ganz großgeschrieben.

6. *Vigoroso* – immer in Bewegung

Politik: Kultur Shock und Weltmusik

Kultur Shock ist eine multinationale Band. Sie hat sich einen Namen gemacht, indem sie musikalisch immer wieder auf neue Weise singend und spielend Grenzen überschreitet. Mit ihrer Musik prangert sie »die Verdummung der Bevölkerung an, die sich der Indoktrination mit einem Gefühl von Verschiedenheit überlässt« und ihre Gemeinsamkeiten vergisst, so Gino Srdjan Yevdjevich, ein ehemaliger jugoslawischer Pop-Star, der die Band gründete. Blauäugig, gewiss, aber ein Hoffnungsschimmer für alle, die nicht mit dem französischen Philosophen Régis Debray das »Lob der Grenzen« oder mit seinem konservativen österreichischen Kollegen Konrad Liessmann noch enger das »Lob der Grenze« anstimmen mögen.

Als *Kultur Shock* auf der Bildfläche erschien, 1996 in Seattle, waren gerade neue Grenzen im Gespräch, solche nämlich zwischen Kulturen. Nachdem die Berliner Mauer gefallen war, sich die Sowjetunion aufgelöst und der Neoliberalismus im Kampf der Systeme den Sieg davongetragen hatte, erhob sich die Frage, wo die neuen Bruchlinien verlaufen, die neuen Konfrontationen in Szene gesetzt würden. Die seinerzeit meistdiskutierte Antwort formulierte der US-Politikwissenschaftler Samuel Huntington mit seinem Buch »Kampf der Kulturen«.

Zunächst wurde das Buch mit Überraschung aufgenommen, weil die Politikwissenschaft meist nicht viel Interesse an Kultur hat. Huntingtons Verständnis von Kultur bezieht sich auf Lebensformen, Traditionen und Weltanschauungen, die großräumige Zivilisationen kennzeichnen. Die zentrale These seines Buches lautet, dass in der Welt nach dem Kalten Krieg die politischen Muster von Allianzen, Zerfall und Konflikt nicht mehr von der Konkurrenz politischer Systeme geprägt werden, sondern von den Identitäten verschiedener Zivilisationen. Kulturkreise traten an die Stelle politischer Ideologien.

Sehr viel hängt vom Verhältnis von Kultur und Religion ab, insbesondere wenn es um ihre Bedeutung für die Politik geht. Huntington knüpfte an eine These des französischen Arabisten Gilles Kepel an, der Anfang der 1990er Jahre die Re-Islamisierung »von unten« als Suche nach einer neuen Identität beschrieb. Nicht zufällig ging die neue Diskussion um Religion und Politik von Frankreich aus, einem dezidiert säkularen Staat mit einem großen muslimischen Bevölkerungsanteil. Huntington betrachtete die Religion wie Kepel als tragende Säule der Kultur und die inkommensurablen Weltbilder der sogenannten Weltreligionen als Hauptursache von Konflikten. Anders als »ursprüngliche« Religionen grenzen die großen Weltreligionen Bevölkerungsgruppen über Staatsgrenzen hinweg voneinander ab. Sie unterscheiden sich darin, wie sie das Verhältnis zwischen Gott und Mensch, Mann und Frau, Eltern und Kindern sowie Bürger und Staat definieren, wie Rechte und Pflichten verteilt sind und wie Macht legitimiert ist. Zusammengenommen stecken diese Merkmale neben einigen anderen eine kulturelle Identität ab, die Menschen unterschiedlicher Staatsangehörigkeit ein Gefühl der Verbundenheit ermöglicht. In einer Zeit raschen Wandels, in der weltweite Entwicklungen die Bedeutung nationaler Grenzen auf manchen Gebieten mindern, tritt dieses Gefühl stärker in den Vordergrund.

In der Frühphase der Demokratisierung neuer Kommunikationstechniken in den 1960er Jahren verfing die Metapher von der Welt als globalem Dorf. Dabei wurde stillschweigend vorausgesetzt, dass der zentrale Dorfplatz im Westen lag und alles andere Peripherie war. Die neuen Techniken, insbesondere das World Wide Web, haben Gegensätze und Rivalitäten jedoch nicht beseitigt. Aus dem globalen Dorf wurde daher unversehens ein kultureller Flickenteppich. In den reichen Industrieländern hat dieses Bild Überzeugungskraft gewonnen, weil es in der postkolonialen Welt schwieriger geworden ist, die Bedeutsamkeit und die Ansprüche der Regionen zu ignorieren, die nicht zum Westen gehören. Politikwissenschaftlern wie Samuel Huntington deuten diese Entwicklung als Niedergang des Westens.

Eine Ironie des Schicksals liegt darin, dass dieser vermeintliche Niedergang auf die Übernahme westlicher Praktiken in anderen Teilen der Welt zurückzuführen ist. Der Triumpf der liberalen Marktwirtschaft machte aus Menschen rund um den Globus ökonomische Subjekte, die nach Gewinn streben. Dadurch ist ein wirtschaftsbasiertes Weltsystem entstanden, das – ebenso wenig wie die neuen Kommunikationstechniken – dazu geeignet ist, Unterschiede zu nivellieren. Menschen sind keine Automaten, und rationale Entscheidungen im eigenen Interesse sind nicht ihre einzigen Leitlinien. Ihre Entscheidungen sind nicht beliebig, aber manchmal irrational. Um überhaupt entscheiden zu können, müssen sie in jedem Fall wissen, wer sie und was ihre Interessen sind. Hier kommen die Religionen wieder ins Spiel, die, so verschieden sie im Einzelnen sind, sich darin gleichen, dass sie die Gläubigen von den Ungläubigen trennen, sie nicht allein ums goldene Kalb tanzen lassen und ihnen ein Selbstverständnis (eine Identität) und Orientierung für die Lebensplanung bieten.

Kontrapunkt

Ist daraus ein Kampf der Kulturen geworden? Wo verlaufen die Fronten, falls es sie gibt?

Huntington unterscheidet neun glaubensbasierte Kulturkreise bzw. Zivilisationen, denen er handlungsleitende Kraft zuschreibt: die westliche, lateinamerikanische, afrikanische, islamische, chinesische, hinduistische, orthodoxe, buddhistische und japanische Zivilisation. Diese Einteilung zu kritisieren, ist nicht schwer, da sie dem Zweck der Konfliktforschung mehr dient als einer neutralen Beschreibung kultureller Vielfalt. Kulturelle Unterschiede werden als selbstevidente Konfliktursachen präsentiert. Dabei beruht Huntingtons Einteilung von vornherein auf politisch, nicht aber kulturanthropologisch relevanten Differenzen. Ebenso problematisch ist, dass sie offensichtliche Überschneidungen ignoriert.

Nach der Wiege der europäischen Kultur gefragt, wer antwortet da nicht, »Griechenland«? Und sind die orthodoxe und die westliche Zivilisation nicht eng miteinander verwoben, zum Beispiel in Griechenland? Ähnlich lässt sich die lateinamerikanische Kultur trotz mancher Unterschiede sicher nicht klar von der westlichen trennen. Afrikanisten zu finden, die bereit wäre, eine Definition *der* afrikanischen Kultur zu geben, wäre schwierig. In Ostasien gibt es kulturelle Unterschiede zwischen China und Japan, aber die japanische Kultur beinhaltet gewichtige chinesische Komponenten und ist ohne ihre Teilhabe am auch Südostasien prägenden Buddhismus undenkbar. Sie als unabhängig von der chinesischen Kultur und ihr gegenüberstehend darzustellen, ist irreführend und verrät den Zweck der Übung. Es geht um gegenwärtige Unterschiede und Gegensätze, die durch Rückgriff auf kulturelle Traditionen erklärt werden sollen. Japan teilt mit China ein kulturelles Erbe, das 1500 Jahre zurückreicht. Soll dieses Erbe durch politische Anstrengungen Japans in den letzten 150 Jahren, sich von China ab und dem Westen zuzuwenden, bedeutungslos geworden sein?

Kulturen bzw. Zivilisationen so großer Ausbreitung als homogene Blöcke darzustellen, ist problematisch, denn der Blick von außen entspricht nicht dem von innen. Der Insider sieht Differenzen, wo der Uneingeweihte Homogenität vermutet. Grenzen zu erkennen, ohne sie zu ziehen, ist in vielen Fällen schwierig, denn sie sind oft tatsächlich fließend und durchlässig, nicht nur in den Köpfen exzentrischer Intellektueller. Die Aufteilung der Welt in Zivilisationen als unumstößliche Gegebenheit darzustellen, birgt – wie Identitätspolitik im nationalen Rahmen – das Risiko der unzulässigen Verallgemeinerung und damit einer gefährlichen Abstempelung der Anderen. Die von Huntington unterschiedenen »Zivilisationskonstellationen« sind allesamt durch innere Vielfalt und Dynamik gekennzeichnet. Ihnen politische Handlungsfähigkeit zuzuschreiben, ist deshalb bedenklich, und es ist fraglich, ob die von ihm wiederbelebten eurozentrischen Ideen von Zivilisationsgrenzen als Bruchlinien der Weltpolitik und Kennzeichen der Identität heute viel zum Verständnis der Welt beitragen. Kulturelle Unterschiede sind real, aber wie und zu welchem Zweck sie politisch instrumentalisiert werden, ist kein essenzieller Teil von ihnen. Wie sich kulturelle Vielfalt und die Identitätsangebote, die sie bietet, auf die internationale Ordnung auswirken, sind wichtige Fragen, die mit der These vom Kampf der Kulturen keineswegs beantwortet sind.

Wollt ihr wissen, ob ein Land wohl regiert
und gut gesittet sei, so hört seine Musik.
Konfuzius

Die heute größte Konfrontation, die es bis Ende des Kalten Krieges nicht gab, ist die zwischen den Vereinigten Staaten und China. Hat sie etwas mit Kultur bzw. Religion zu tun? Entsprechen amerikanische Strafzölle westlichen – gar christlichen – Werten und chinesische konfuzianischen? Wie steht es mit dem Handelskrieg der USA gegen die EU? Handelt es sich dabei auch um einen Kampf der Kulturen oder geht es nicht vielmehr um interne Widersprüche der globalen Wirtschaftsordnung? Das Konzept des Kulturkampfs erfreut sich in diesem Zusammenhang nur bei denjenigen einer gewissen Beliebtheit, die ungezügeltes Profitstreben gern mit Werten verbrämen oder ihre xenophoben Ressentiments dahinter verbergen. Es geht um Handel, nicht um Kultur, um freien Handel, genauer gesagt, wie er unter westlicher Vorherrschaft institutionalisiert wurde. Frei ist er, weil das dem Glaubensbekenntnis der Marktwirtschaft entspricht – aber nur so lange, wie es *unserem* Wohlstand dient. Vor einem halben Jahrhundert schickten sich unvorhergesehenermaßen die Japaner an, daran teilzuhaben, weswegen sie von der französischen Premierministerin Édith Cresson als »Ameisen« geschmäht wurden, ihnen ein EU-Kommissionsbericht bescheinigte, dass sie in »Kaninchenställen wohnten« und amerikanische Freihändler einem Toshiba-Radio auf den Stufen des Capitols in Washington mit Vorschlaghämmern zusetzten. Die fremdartigen Samurai wurden zum Angstgegner, der unseren Lebensstil bedrohte.

Schon vergessen. An die Stelle des Samurai der 1970er und 80er Jahre ist inzwischen der chinesische Drache getreten, der unserer Kultur den Gar ausmachen wird. Sowohl die Japaner als auch die Chinesen figurierten im Zuge ihres Aufstiegs aus der wirtschaftlichen Bedeutungslosigkeit in westlichen Medien gelegentlich als »gelbe Gefahr«. Eine Metapher, die schon Kaiser Wilhelm II. benutzte und die in der Kolonialzeit eine gängige, gegen ostasiatische Völker gerichtete Beleidigung war. Schon damals wurde die Verteidigung der Hegemonie zum Kampf der Kulturen stilisiert, wie zum Beispiel in einem Gemälde, das Wilhelm 1895 bei Hermann Knackfuß in Auftrag gab, um es seinem Cousin Nikolas II. zu schenken, der auf einen Konflikt mit Japan zusteuerte. »Völker Europas, wahrt eure heiligsten Güter«, steht unter der Lithographie, die stellvertretend für die Völker Europas eine Anzahl händchenhaltender bewaffneter Damen gebannt Richtung Osten blicken lässt, von wo in einer dunklen Wolke eine Buddha-Gestalt heraufzieht.

Das Streben nach Gewinn und dem eigenen Vorteil mit Werten, Kultur und heiligsten Gütern zu verklären, ist also nicht neu. Deshalb muss daraus nicht gleich ein Kampf der Kulturen werden, aber das ist oft opportun. Das haben auch die verschiedenen gelben Gefahren gelernt. Gleichzeitig mit Japans Aufstieg zur Wirtschaftsgroßmacht erblühte dort ein kultureller Identitätsdiskurs, der sich wie ein positives Echo der negativen Stereotypisierungen im Westen ausnahm. Der Erfolg japanischer Firmen wurde außer mit niedrigen Löhnen, neuen Produktionstechniken und Managementformen vor allem mit den traditionellen Tugenden der Samurai, Loyalität, Disziplin und Opferbereitschaft, kurz, mit kultureller Identität erklärt. Dieser Diskurs nährte gleichzeitig die Vorstellung von der Einzigartigkeit des Japaner-Seins und der Homogenität der Bevölkerung Japans, die bis zur Leugnung der Existenz von Minderheiten seitens höchster Regierungsvertreter ging.

Zeitraffer vorwärts: China entdeckt seine heiligsten Güter aufs Neue. Das ganze zwanzigste Jahrhundert über als Inbegriff der feudalistischen Vergangenheit kritisiert, wird Konfuzius, der seit 2500 Jahren im Grabe liegt, wieder in Amt und Würden eingesetzt. 2004 wurde in Seoul das erste Konfuzius-Institut gegründet, eine dem chinesischen Ministerium für Bildung unterstehende Organisation zur Verbreitung der chinesischen Sprache und Kultur. Weniger als zehn Jahre später gab es weltweit mehr als 500 Konfuzius-Institute, 1000 bis 2020 ist das erklärte Ziel (zum Vergleich: Goethe-Institute weltweit: 159). Wie man sich heutzutage verkauft, das weiß inzwischen jeder, das haben die Chinesen gut gelernt. »Konfuzius«, so bekennen die Gründer der Organisation freimütig, ist eine Marke und zwar eine solche, die sich auf dem Markt sehr viel besser positionieren lässt, als wenn die Institute nach zeitgenössischen Prominenten benannt würden, etwa nach Mao Zedong, dessen Name für viele mit negativen Assoziationen belastet ist oder selbst Deng Xiaoping, dessen Politik Chinas Schwenk zur Marktwirtschaft einleitete. Konfuzius, der große Weise, ist Symbol der klassischen chinesischen Kultur schlechthin. »Der Edle steht mit niemandem im Wettstreit«, sagte Konfuzius. Darf man ihn trotzdem auf dem internationalen Markt der Kulturen als Werbeträger einsetzen? Ist das nicht ein Sakrileg?

Macht die Kommerzialisierung vor nichts Halt? Das kann nur fragen, wer von der Wohlstandstheologie, der Vermarktung von Jesus und von den diversen Formen christlichen Fundamentalismus in den USA noch nie etwas gehört hat. Seine Lektionen lernt China gern dort, wo sie am effektivsten sind.

So viel zum Kampf der Kulturen zwischen den beiden mächtigsten Kontrahenten auf der Bühne des Welttheaters heute.

Größere Klangvielfalt

Wenn in Europa kulturelle Identitäten und Unverträglichkeiten thematisiert werden, spricht man heute eher über Mohamed als über Konfuzius. Was in diesem Zusammenhang zur Sprache kommt, klingt häufig nach Kampfgetöse. Von antimuslimischem Rassismus war auf *Seite 37* schon die Rede. Der Streit um den Bau von Minaretten, der im ersten Jahrzehnt dieses Jahrhunderts in der Schweiz entbrannte, wurde mit aufwieglerischer Rhetorik geführt. Den Aktivisten der Verbotsinitiative gelang es, Moscheen mit einem Schreckbild vom Islam in Verbindung zu bringen. Danach sanktioniert diese Religion nicht nur die entwürdigende Verhüllung der Frau, sondern auch Zwangsheirat, Beschneidungen, Steinigungen, Selbstmordattentate und andere Terroranschläge. Das schlug sich in dem Ergebnis der Volksbefragung nieder. Die Initiative wurde mit 57,5 Prozent angenommen, die Errichtung von Minaretten verboten.

Etwas weniger extrem, aber ebenfalls mit viel Bitterkeit wurden in der BRD und in Österreich die Kontroverse um das Tragen von Kopftüchern und in Frankreich um die Verschleierung geführt. Mehrere Bundesländer beschlossen ein Kopftuchverbot für Lehrkräfte an Schulen – außer als Teil des Habitats christlicher Nonnen. Schwimmbäder verwehrten Frauen und Mädchen in Ganzkörperbadeanzügen den Zugang. In Frankreich wurden Geldbußen wegen des Tragens von Nikab (Vollverschleierung) in der Öffentlichkeit verhängt, was der Europäische Gerichtshof 2014 für rechtens erklärte. An französischen Stränden wurden wiederholt Burkinis verboten.

Das in Bayern angeordnete Aufhängen von Kruzifixen in Amtsstuben gehört auch in diesen Zusammenhang. Ihre Verwendung als Abwehrzauber in einer laizistischen Gesellschaft ist ebenso rational wie das Diktieren einer Kleiderordnung vor dem Hintergrund einer Entwicklung, die seit Jahrzehnten dahingeht, dass jeder und jede vom nichts verhüllenden Minirock bis zu zerlöcherten Hosen im Namen ihrer Identität bei jeder Gelegenheit anziehen kann, wonach ihnen der Sinn steht. – Wenn dieser Sinn nur konform mit *unseren* Gewohnheiten ist (und den Dekreten der Modemacher für die Saison). Der Staat bekennt sich zur Religionsfreiheit. Kruzifixe in Gerichtssälen sind dennoch nach höchstrichterlichem Beschluss für alle zumutbar. Kopftücher nicht unbedingt. Für die Gründung der Vereinigten Staaten war hingegen kaum etwas wichtiger als die unbeschränkte Religionsfreiheit. Ihren Präsidenten hinderte das 2017 nicht daran, einen »Muslim Ban« auszusprechen, der Menschen aus mehrheitlich muslimischen Ländern die Einreise verwehrte.

Widersprüche dieser Art zeugen nicht nur von Inkonsequenz und Opportunismus, sondern auch von einer gewissen Hilflosigkeit, wie in freiheitlichen Rechtsstaaten mit Provokationen von islam(ist)ischer Seite umzugehen ist. Die hat es durchaus gegeben, wenn man an die Morddrohung gegen den britischen Schriftsteller Salman Rushdie 1989 (*Fatwa*) denkt oder daran, dass ein islamischer Geistlicher 1990 in einem öffentlichen Radioprogramm in Amsterdam all jene, die sich dem Islam, Allah und seinem Propheten widersetzen, für vogelfrei erklärte; und an die Ermordung Theo van Goghs 2004 wegen seines Films »Submission« über die Misshandlung von Frauen in islamischen Ländern; um nur drei eklatante Beispiele zu nennen.

Dass in offenen, pluralistischen Gesellschaften, die individuelle Freiheit als hohes Gut preisen, bis zu den höchsten Gerichten darum gestritten wird, wer sich wo wie kleiden darf, wirft die Frage auf, worum es dabei eigentlich geht. Ästhetik? Sicher nicht. Anstand und gute Sitten? Höchst zweifelhaft. Abstoßung der Anderen ist hier wiederum das einschlägige Stichwort. Die Anderen verkörpert in dieser Variante des Kampfes der Kulturen der auf einen Block reduzierte und mit der Kultur des Abendlands vermeintlich unverträgliche Islam. Dabei werden nicht nur die vielen Beiträge aus der islamischen Welt zur Entstehung und Perpetuierung dieser Kultur über die Jahrhunderte ignoriert, sondern auch die interne kulturelle Vielfalt in den Industrieländern heute. Hinzukommt die realitätsferne Repräsentation der ausländischen Bevölkerung in den alten und neuen Massenmedien. Aus einer 2018 veröffentlichten Studie des »National Bureau of Economic Research« in Cambridge, Massachusetts, geht hervor, dass die einheimische Bevölkerung westeuropäischer Länder – darunter Frankreich, Deutschland und Italien – den Prozentsatz der Ausländer in ihrem Land um das Zwei- bis Dreifache überschätzt, und dass der Anteil der Muslime und der Arbeitslosen an der ausländischen Bevölkerung ebenfalls stark überschätzt wird. Die Studie ließ außerdem erkennen, dass sich diese verzerrte Wahrnehmung direkt in Fremdenfeindlichkeit niederschlägt.

Nicht weniger verfehlt ist die Reduzierung der islamischen Welt auf den vermeintlichen Kontrahenten der christlichen Welt, wird dabei doch die interne Vielfalt islamischer Länder ignoriert. Diese Vielfalt manifestiert sich u. a. in kriegerischen Konflikten in mehrheitlich islamischen Ländern, die weit zahlreicher und blutiger sind als solche zwischen Muslimen und Christen, selbst wenn wir die auf die Ausbeutung von Öl und anderer Rohstoffe gerichteten Interventionen westlicher Mächte im Mittleren Osten einbeziehen. Der Krieg zwischen Iran und Irak 1980 bis 1988 forderte geschätzte eine Million Todesopfer. In Syrien dauert der Streit zwischen Islamischem Staat und den islamischen Al-Nusra noch immer an. In Ägypten haben muslimische Militärs die Muslimbrüder aus dem Amt gejagt. In Libyen bekriegen sich muslimische Stämme. Und in Jemen, wo der Islam Staatsreligion ist, kämpft das islamische Mutterland Saudi-Arabien gegen den Einfluss des islamischen Iran. Kampf der Kulturen?

Ergänzend sei angemerkt, dass islamische Gelehrte jahrhundertelang an der Ausformung der christlichen Kultur Europas beteiligt waren. In Kunst und Philosophie waren Abendland und Morgenland lange miteinander verbunden. Im gegebenen Zusammenhang ist das als Hinweis auf die Verwobenheit kultureller Systeme von Interesse, die nicht erst eine Begleiterscheinung von Globalisierung, Multikulturalismus und neuen Kommunikationsmöglichkeiten ist, sondern auch in der Vergangenheit eine Voraussetzung dafür war, dass Kulturen nicht erstarren, sondern sich fortentwickeln.

Mit diesem Hinweis soll nicht davon abgelenkt werden, dass es tatsächlich Probleme gibt. Es ist nur fraglich, ob sie auf kulturelle Unterschiede reduziert werden können. Hätte der Islamismus in einer Welt eine Chance, in der die Ressourcen gerechter verteilt wären? Diese Frage betrifft heute die Welt als ganze ebenso wie die westeuropäischen Länder, in denen es mittlerweile eine muslimische Minderheit gibt. Und in diesen führt sie zu einer weiteren, bisher unbeantworteten Frage, nämlich zu dem Dilemma der Toleranz gegenüber Intoleranz. »Du sollst keine anderen Götter haben neben mir.« Monotheismus baut auf Intoleranz. Sie tritt zum Vorschein, wenn zwei Monotheismen in einer Gesellschaft koexistieren müssen, in der es zudem noch einen Bevölkerungsanteil gibt, der weder Interesse an noch Wertschätzung für Religion hat und die modernen Errungenschaften der Trennung von Kirche und Staat und der Meinungsfreiheit dahingehend interpretiert, dass man sich über Götter ebenso äußern können soll wie über alle anderen Gegenstände auch, inklusive Karikatur, Satire und Kritik. Auch hier ist es schwer, dem Problem der unzulässigen Verallgemeinerung aus dem Weg zu gehen, wenn nicht einzelne geweihte Kinderschänder angegriffen werden, sondern *die* katholische Kirche, nicht einzelne Hassprediger, sondern *der* Islam.

Wenn Kulturen als fixierte Blöcke behandelt werden, geschieht das zu politischen Zwecken, nicht weil sie ihrem Wesen nach tatsächlich monolithisch und klar abgegrenzte Systeme sind. Sie existieren nicht im luftleeren Raum, sondern in Gesellschaften, die sie prägen und an die sie sich anpassen. Selbst wenn ein institutionelles Gerüst sie gegen Verfälschung schützt, stehen sie als Inspirationsquellen bereit, aus denen geschöpft werden kann, was gerade passt. Im Iran wurde vor vierzig Jahren eine islamische Republik errichtet. In der seit Gründung des modernen Staates säkularen Türkei sitzt heute eine islamische Partei im Sattel, und in Indien ist ein Verfechter des Hinduismus an der Regierungsspitze. Den wachsenden politischen Einfluss der christlichen Rechten in den USA beobachtet in Europa mancher mit Sorge, nicht allerdings der ungarische Ministerpräsident Viktor Orbán, der sich 2016 im Wahlkampf als Retter des christlichen Abendlands gerierte, um seiner xenophoben Anti-Immigrationspolitik ein achtbares Gesicht zu geben. Um das christliche Abendland hatte sich lange niemand wirklich gekümmert. Die Gesellschaft hatte sich säkularisiert, die Kirchen waren leer und nahmen immer mehr musealen Charakter an. Religion war Privatsache, außer vielleicht einmal im Jahr beim allgemeinen Besuch des Weihnachtsoratoriums. Seit den 1980er Jahren sind in Westeuropa etliche neue Moscheen errichtet worden, zum Teil durchaus repräsentative Gotteshäuser, die ihrem Zweck entsprechend von den muslimischen Gemeinden genutzt werden und denen zum Teil auch eine politische Funktion zugewachsen ist, wenn z. B. der türkische Ministerpräsident Recep Erdoğan über die Moscheen versuchte, auf die türkische Gemeinde in der BRD Einfluss zu nehmen. Manche Christen und auch konfessionslose Bürger hat das zum Nachdenken angeregt. Nicht, dass die Kirchen dadurch wieder merklich mehr Zulauf bekamen, aber es hat dazu beigetragen, den Topos der Identität des »christlichen Abendlands« in die öffentliche Diskussion zu bringen. Dafür, dass scheinbar vergessene Bezugsebenen der Identifizierung wiederbelebt werden können, ist das ein gutes Beispiel.

Ob es Jesus Christus, Muhammad, Gautama Buddha oder Konfuzius ist, sie und einige andere Leitfiguren stehen jederzeit bereit, zivilisatorische Identität zu bezeugen, wo sie gefragt ist. Entsprechende ideologische Ansprüche treten heute vermehrt neben nationalen Identitäten als Determinanten von Zusammengehörigkeit und Konflikt in Erscheinung. Der Islam exemplifiziert diese Tendenz besonders deutlich, da sich in vielen westlichen Ländern in den letzten Jahrzehnten Migrantengruppen aus islamischen Ländern etabliert haben, die einerseits eine sozioökonomisch prekäre Stellung einnehmen, andererseits häufig als Bedrohung wahrgenommen werden. Zu selten wird dabei zwischen Islam und Islamismus unterschieden, und was ersterer an Moralvorstellungen und Lebensleitlinien beinhaltet, ist vielen, die glauben, sich dagegen zur Wehr setzen zu müssen, nicht bekannt. Das ist auch nicht nötig; es genügt die Abstoßung. Indem Islamismus und Anti-muslimischer Rassismus einander bedingen, ist dieses Bedrohungsgefühl zur Triebfeder vieler rechtsradikaler und populistischer Parteien geworden, die seit der Jahrhundertwende in Europa aus dem Boden geschossen sind. Indem sie sich gegenseitig hochschaukeln, scheinen der Islamische Staat und diese Parteien die These vom Kampf der Kulturen zu bestätigen, allerdings nicht im Sinne des unausweichlichen Aufeinanderprallens konfliktärer Systeme, sondern weil sie Kultur in den Dienst von Konflikt stellen: Kreuz gegen Halbmond.

Freiheit, Gleichheit, Identität

Eine normative Voraussetzung des demokratischen Staates ist die Gleichheit seiner Bürger. Die Unterschiede, die es zwischen Individuen und Gruppen gibt, müssen deshalb ohne Einfluss auf den politischen Prozess bleiben. Identitätspolitik richtet sich dezidiert gegen diese Norm und wird deshalb von manchen Politikwissenschaftlern als Gefahr für die Demokratie betrachtet.

Bei Identitätspolitik geht es immer um *unsere* Identität und *deren* Identität, so wie *wir* und *die* sie im wechselseitigen Bezug aufeinander konstruieren. Unabhängig von den dafür verwendeten Kriterien lassen sich Stereotype und dadurch verursachte Missverständnisse kaum vermeiden. In reichen Ländern, die Migranten nicht nur wegen ihres Wohlstands anziehen, sondern auch um den Arbeitskräftemangel der alternden Bevölkerung zu lindern, ist das besonders heikel, da viele Zuwanderergruppen den politischen Begriff von Identität westlicher Provenienz übernommen haben und mit ihm den Anspruch auf Anerkennung kultureller Eigenständigkeit. Die Mobilität von Identitäten über Staatsgrenzen hinweg wirft die Frage auf, wer die Federführung bei der Gestaltung der Zukunft haben soll, die Alteingesessenen oder die Neuankömmlinge. Für rechte Identitäre – von Vlaams Belang in Belgien über den französischen Rassemblement National, die Alternative für Deutschland und die italienische Lega (Nord), die Freiheitliche Partei Österreichs (FPÖ) bis zur Dansk Folkeparti und der Bewegung für ein besseres Ungarn (Jobbik) – ist schon diese Frage frevelhaft. Sie hängen unrealistischen Vorstellungen von einem homogenen Volk und einheitlichen kulturellen Werten und Praktiken an, die sie als legitimen Grund dafür ansehen, die Anderen auszuschließen.

Aus der Perspektive rechter Identitätspolitik beinhaltet diese Frage nur eine Alternative: Wir oder die. Das liegt an der Aufteilung der Welt in Nationalstaaten und daran, wie sie von völkisch gesinnten Parteien verstanden werden. Herder und Renan kombinierend, unterstellen sie eine »schweigende Mehrheit«, der sie ihre

Stimme leihen. Sie beanspruchen, einen klassenübergreifenden Volkswillen zu repräsentieren. Das impliziert scharfe Trennlinien zwischen Einheimischen und Fremden, zwischen denen, die das Recht haben, einer lokalen Gesellschaft institutionelle und kulturelle Form zu geben, und denen, die das akzeptieren und sich anpassen müssen. Die Anerkennung neuer ethnischer, religiöser, geschlechtlicher und sprachlicher Identitäten wird dadurch zum Gegenstand politischer Konflikte. Für liberale Demokratien entsteht die schwierige Aufgabe, die Interessen des Zentralstaats, der eine umfassende Solidargemeinschaft schaffen soll, mit den Interessen von Gruppen zu vereinbaren, die auf Anerkennung ihrer Identität bestehen. Das kann ein echtes Dilemma sein, denn das Gleichheitsgebot lässt sich schwer damit vereinbaren, die Identitätsansprüche anderer – d.h. die von Minderheiten – zurückzuweisen, aber auf den eigenen – denen der Mehrheit – zu beharren.

Dieses Dilemma wurzelt in dem Begriff der Identität selbst. Eine kollektive Identität zu behaupten, ist im Bewusstsein derer, die das tun, nicht nur ein Steckenpferd; ist etwas anderes, als geschmacklichen Neigungen nachzugeben, Vorlieben zu haben, eine Sprache besser zu beherrschen als eine andere oder sich einer religiösen Tradition mehr verbunden zu fühlen als anderen. Eine Identität wählt man nicht, man hat sie! Wer auf Identität pocht, anerkennt selten ihren konstruierten und somit anpassbaren Charakter. Identität ist aus dieser Sicht nicht verhandelbar, da sie die Gruppe, der ich angehöre, nicht zufällig, sondern in ihrem Wesen kennzeichnet, ebenso wie sie mich kennzeichnet, für mich selber und für andere. Identitätsbehauptungen werden oft als zwingende »Gründe« einer politischen Position dargestellt: »Weil wir Xe sind, müssen wir das Recht haben, Y (nicht) zu tun.« Die Rationalität eines solchen Arguments in Frage zu stellen, ist schwierig; denn, wenn die eigene Identität auf dem Spiel steht, kann in der identitätsbegeisterten Gesellschaft niemand verlangen, dass man zurücksteckt.

Der Denkfehler rührt daher, die Identität einer Gruppe analog zur Identität eines Individuums zu konzeptualisieren. Das ist keine semantische Haarspalterei über die Bedeutung des Begriffs »Identität«; vielmehr geht es um unangemessene Verallgemeinerung und Diskriminierung. Nationalismus, Separatismus, Kulturalismus, Zugehörigkeit zu religiös oder anders definierten Gemeinschaften sind eher emotional als rational begründet. Deshalb lassen sich Identitätsargumente nicht rational widerlegen. Sie bestehen aus zwei einander bedingenden Komponenten, »*wir* sind anders« und »*die* sind anders«, weshalb es schwierig ist, solchen Argumenten auszuweichen. Wenn mein Gegenüber darauf besteht, eine Identität zu haben, kann ich nicht einfach auf eine solche verzichten – nicht zuletzt, weil man im politischen Wettbewerb damit nicht bestehen könnte.

Als Ergebnis einer in Kanada seit den 1970er Jahren geführten Debatte über Multikulturalismus hat Premierminister Justin Trudeau das dennoch versucht. Nach seinem Amtsantritt 2015 erklärte er, Kanada würde der erste »post-nationale Staat« sein. »Es gibt keine Kernidentität, keinen Mainstream in Kanada«, sagte er.

Nur wenige Politiker anderer Länder würden Trudeau folgen. Die Vorstellung, dass man sich an eine Gruppenidentität binden und auf seine Nation stolz sein muss, ist tief verwurzelt. Kritiker einer so begründeten Identitätspolitik erkennen darin ein ernstes Problem der Postmoderne. Die Moderne war durch die Industrialisierung als Bedingung der Verbesserung der Lebensbedingungen aller gekennzeichnet. Es gab krasse soziale Ungleichheit; es gab ein hierarchisches Verhältnis zwischen Männern und Frauen; es gab gegensätzliche politische Zielvorstellungen, aber es gab auch eine Perspektive, eine Vision von Fortschritt für ein besseres Leben aller. »Aller« bedeutete dabei aller Bürger eines Landes, die an den Wahlurnen die Richtung der Entwicklung bestimmen oder doch wenigstens mitbestimmen konnten. Die Identitätspolitik der Postmoderne stellt diese Bedingungen gesellschaftlichen Fortschritts in Frage und ersetzt sie durch das Verfechten von Partikularinteressen. Deshalb ist Identitätspolitik gefährlich. Indem sie Differenzen akzentuiert und Gräben vertieft, Grenzpfähle steckt, aber vergisst, dass sie nur gesteckt sind, untergräbt sie die Suche nach und das Akzeptieren von Kompromissen. Die Ideale der Französischen Revolution – Freiheit, Gleichheit, Brüderlichkeit – und die grundsätzliche Bereitschaft zum Ausgleich zwischen widerstreitenden Ansprüchen im Interesse der Allgemeinheit werden auf dem Altar der identitären Selbstbehauptung geopfert.

Das uneingestandene Vorbild exklusiver Identitätspolitik ist das Apartheidsregime der Rassentrennung in Südafrika. Die Abschaffung der Apartheid 1994 war nicht das Ende des ihr zugrundeliegenden Gedankenguts. Die Rückkehr des weißen Rassismus in den öffentlichen Diskurs der USA bezeugt das ebenso wie die Identitäre Bewegung in Europa. 2003 in Frankreich als *Bloc Identitaire* gegründet, breitete sich diese rechtsradikale Bewegung schnell in anderen europäischen Ländern und auf der anderen Seites des Atlantiks in den USA und Kanada aus. *Generation Identity* ist heute eine international vernetzte Jugendbewegung, die sich ihre eigenen Feindbilder schafft. Unter der Parole »Heimat, Freiheit, Tradition« streitet sie auch in Deutschland gegen Immigration, fordert eine »Festung Europa«, verteidigt die vom Islam bedrohte homogene europäische Kultur und tritt für die Aufrechterhaltung hergebrachter Sitten und Bräuche ein. Der Name ist klug gewählt, da er das nationalistische, fremdenfeindliche und oft rassistische Programm dieser Bewegung unter dem für viele positiv besetzten Begriff »Identität« präsentiert.

Zwischen den Identitären und anderen Varianten der Identitätspolitik gibt es manche Berührungspunkte. Es darf aber nicht übersehen werden, dass die Bewahrung und Pflege kulturellen Brauchtums für viele Menschen ein genuines Bedürfnis ist, das sie nicht mit Unduldsamkeit und rechtsradikalem Fanatismus assoziieren. Im Gegenteil, es war stets eher ein linkes Anliegen, unterdrückten Randgruppen Gehör und ihrer Identität Anerkennung zu verschaffen. Ist Identitätspolitik der

Kleinen und Schwachen deshalb eine noble Sache, während Identitätspolitik der Mehrheit verwerflich ist? So einfach ist es nicht.

Die Verfechter einer minderheitenbezogenen Identitätspolitik sehen darin eine politische Strategie, zu der sie gezwungen sind, um Unterdrückung und soziale, politische und wirtschaftliche Ungleichheit zu überwinden; denn ihre Identität haben nicht nur sie sich gewählt, sie wurde ihnen auch zugeschrieben. Der von ihnen geforderten Anpassung an die Kultur der Mehrheitsgesellschaft haben sie sich nicht nur widersetzt, sie wurde ihnen auch oft genug von der Mehrheit schwergemacht. Für die Kritiker hingegen interferiert Identitätspolitik auf nie geplante Weise mit dem demokratischen Prozess. Sie spiegelt das Bedürfnis wider, sich in einer Gruppe gleichgesinnter Menschen mit gemeinsamen Interessen und Zielen vor den Wirbelstürmen der Globalisierung zu schützen. Demokratie wird dadurch komplizierter. Sie besteht nicht nur aus dem Verhältnis zwischen der (relativ homogenen) Wählerschaft und ihren gewählten Vertretern, sondern beinhaltet auch das Zusammenwirken von Regionen, Wahlkreisen, politischen Parteien, Lobbys, Zweckbündnissen und Identitätsgruppen. Je höher das Niveau der politischen Beteiligung ist, desto größer ist die Wahrscheinlichkeit, dass Identitätspolitik dabei eine Rolle spielt.

Ob Identitätspolitik gut oder schlecht ist, ob sie eine unzulässige Einschränkung des Mehrheitsprinzips darstellt oder eine Grundvoraussetzung der Gleichberechtigung, hängt von der konkreten Situation ab und vom politischen Standpunkt. Unbestreitbar ist, dass Identitätspolitik für pluralistische Gesellschaften, die durch fortgesetzte Zuwanderung immer vielfältiger werden, neue Aufgaben mit sich bringt. Viele drängende Fragen bezüglich der Weiterentwicklung demokratischer Regierungsformen unter Bedingungen interner Heterogenität stehen mit Identitätspolitik in Zusammenhang. Eine Auswahl:

Wie können Gruppen, die mit dem Kampf um Anerkennung einer Identität Gleichheit und Gerechtigkeit fördern, von Gruppen unterschieden werden, die damit Vorherrschaft anstreben und das System demokratischer Entscheidungen unterminieren?

Worin unterscheidet sich Identitätspolitik von Interessenpolitik, zum Beispiel Umweltschützer gegenüber Industriellen des privaten Sektors?

Sollten Angehörige von Minderheiten im Namen der Identitätspolitik vom Zwang zur Einhaltung geltender und allgemein anerkannter Regeln befreit werden können?

Ist Identitätspolitik mit Multikulturalismus, Kosmopolitismus und Ökumenismus vereinbar?

Diese Fragen beziehen sich darauf, ob es Kollektivrechte gibt und auf das Verhältnis zwischen Individuen und

Gruppen. Das Prinzip der Gleichheit vor dem Gesetz stellt das Individuum in den Mittelpunkt des demokratischen Verfassungsstaats. Die Wahlurne ist das wichtigste Instrument der politischen Entscheidungsfindung und des Ausgleichs divergierender Interessen. In einem vollkommen homogenen Nationalstaat ließe sich dieses Ideal vielleicht umsetzen; die Realität sieht jedoch anders aus. In vielen demokratisch regierten Ländern hat interne Vielfalt zur strukturellen Benachteiligung ethnischer, sprachlicher, religiöser oder geschlechtsspezifischer Gruppen geführt. Identitätspolitik war ursprünglich eine Reaktion auf die Unfähigkeit, Vielfalt mit Gleichheit kompatibel zu machen. Das gelang nur ein Stück weit, denn obwohl diese Politik dadurch motiviert war, Diskriminierung aller Art zu bekämpfen, traf sie auf eine andere Art von Identitätspolitik und leistete ihr auf gewisse Weise Vorschub, einer Politik nämlich, die unter dem Banner der Abstoßung und Dämonisierung der Anderen antrat. Obwohl die Identitätspolitik von Minderheiten sich dezidiert gegen Nationalismus richtet, hat sie nicht dazu beigetragen, die Zugkraft dieses ursprünglichen Modells der Identitätspolitik zu schwächen. Obwohl ihm in den letzten Jahrzehnten mit dem wiedererwachten Regionalismus und der damit verbundenen Vermarktung lokaler Identitäten einerseits und dem Werben für transnationale Identitäten – Europäismus, Pan-Arabismus, Pan-Afrikanismus, Multikulturalismus, Globalismus – andererseits Konkurrenz erwachsen ist, deutet nichts darauf hin, dass die Bedeutung des Nationalismus als politische Ideologie schwindet.

Identitätspolitik ist ein zweischneidiges Schwert. Was bedeutet der Kampf um Gruppenidentitäten für die Weiterentwicklung pluralistischer Demokratien in einer global vernetzten Welt? Trägt er zu Toleranz und Aufgeschlossenheit bei oder zu Voreingenommenheit und Segregation? Das sind die allgemeinsten Fragen bezüglich Identitätspolitik, die sich heute stellen. Hinzu kommt noch eine weitere: Wie verhält sich politisch instrumentalisierte Identität zu sozialer Ungleichheit?

7. Diminuendo – rückläufig

Völker hört die Signale: Diversity statt Klasse

Zu den großen Widersprüchen freiheitlich-demokratischer Gesellschaften gehört die Armut. In der Feudalgesellschaft war sie gottgewollt. Lebensläufe waren weitgehend durch Herkunft bestimmt. In der bürgerlichen Gesellschaft beruhte die Armut auf den Interessengegensätzen von Kapital und Arbeit. Aber in der postmodernen Gesellschaft mit ihrem nie gekannten Wohlstand und den Instrumenten staatlich organisierter Umverteilung sollte es sie – und die »Verdammten dieser Erde, die stets man noch zum Hungern zwingt« – gar nicht mehr geben. Es gibt sie aber, denn der Marsch »zum letzten Gefecht« wurde abgeblasen.

Zur Zeit der Pariser Kommune, 1871, als Eugène Pottier *Die Internationale* als Kampflied der Arbeiterbewegung schrieb, der die obigen Verse entnommen sind, war die ständische Gesellschaftsordnung durch den zweipoligen Antagonismus von Kapital und Arbeit ersetzt worden. »Arbeiterklasse« war ein geläufiger Ausdruck, Klassenbewusstsein Kennzeichen gesellschaftlicher Differenzierung. Insofern als Identität die Menschen *überhaupt* beschäftigte, wurde sie durch

Klassenzugehörigkeit definiert, denn soziale Schichtung war primär ökonomisch bestimmt. Die gesellschaftliche Differenzierung nach Klassen hatte zwei Seiten, ökonomische Fakten und das Bewusstsein davon. »Klassenkampf« war eine Metapher, die das Verhältnis zwischen Arbeitern und Unternehmern in der Frühphase des Industriekapitalismus auf realistische Weise kennzeichnete. Die Arbeiterklasse war eine faktische und eine Bewusstseinstatsache.

Seither sind die hochentwickelten Gesellschaften insgesamt reicher geworden, aber nicht gleicher. Im Zuge der Ausdehnung des Dienstleistungssektors werden sie gelegentlich als postindustriell oder an der Schwelle zum postindustriellen Zeitalter beschrieben. An die Stelle des relativ deutlichen Gegensatzes von Kapital und Arbeit ist eine Vielfalt von Differenzierungen getreten, die von der fortbestehenden Ungleichheit ablenkt. Die Struktur unserer heutigen Gesellschaft hat so viele Schichten und Stränge, dass es schwierig ist, alle Faktoren zu entwirren, die den Status des Einzelnen und seine soziale Identität beeinflussen.

Die Identität des bürgerlichen Individuums beruhte auf Privateigentum und hatte ihre Perspektive im Profitstreben und in der Furcht vor Ruin. Die Identität des Industriearbeiters beruhte demgegenüber auf der besitzlosen Stellung im Produktionsprozess und hatte ihre Perspektive im Widerstand gegen Ausbeutung und in der Hoffnung auf Befreiung. Diese holzschnittartige Gegenüberstellung überzeugt heute nicht mehr. Sie verlor im zwanzigsten Jahrhundert durch Wirtschaftsreformen, Sozialpolitik und verbesserte Bildungsangebote an Glaubwürdigkeit – und vor allem durch Krieg. Im Ersten Weltkrieg übertönten Nationalhymnen *Die Internationale* und die Idee von einer internationalen Identität der Arbeiterklasse. Im Nationalsozialismus und Faschismus drängten Nationalismus und Rassismus die Rolle der Arbeiter im internationalen Kapitalismus vollends in den Hintergrund.

In den entwickelten Industrieländern kam es weder nach dem Ersten noch nach dem Zweiten Weltkrieg zur Revolution oder zu einer sozialen Dynamik Richtung klassenlose Gesellschaft. Denn die wirtschaftliche Lage großer Teile der Arbeiterschaft verbesserte sich hinreichend, um sie weitere Verbesserungen innerhalb der herrschenden Ordnung anstreben zu lassen, statt diese Ordnung grundsätzlich zu bekämpfen.

»Klassenkampf« ist daher im Zeitalter des allesbeherrschenden Marktes trotz großer Ungleichheit ein Anachronismus. Diese Ungleichheit hat viele Facetten, und beim Nachdenken über die Schaffung einer gerechteren Gesellschaft richtet sich die Aufmerksamkeit weniger auf Herkunft als auf Zukunft. Nicht absolute Gleichheit soll erreicht werden, sondern Chancengleichheit. Regieren soll das Leistungsprinzip, nach dem sich auch die soziale Identität des Einzelnen richten soll. Ist deshalb soziale Klasse keine relevante Dimension individueller und kollektiver Identität mehr?

Diese Frage kann nur unter Berücksichtigung historischer Unterschiede zwischen verschiedenen Staatsgesellschaften beantwortet werden. So hat im Einwanderungsland USA die Ideologie der »unbegrenzten Möglichkeiten« immer mehr verfangen als die Erklärung gesellschaftlicher Ungleichheit mit dem Begriff der Klasse. Im traditionsorientierten England hingegen ist »Klasse« noch eine wirksame gesellschaftliche Kategorie. In der BRD ist im Vergleich zu anderen europäischen Ländern ein hohes Maß an Reproduktion sozialer Schichtung zu beobachten, gemessen etwa an Bildungsabschlüssen. Klasse und Klassenbewusstsein spielen jedoch in der Gesellschaft und ihrer Beschreibung immer weniger eine Rolle und somit auch als Bezugsebene sozialer Identität.

Neue Vielfalt

Diese Entwicklung ging mit der Akzeptanz sozialer Ungleichheit bzw. ihrer erfolgreichen Ausblendung aus öffentlichem Diskurs und politischer Auseinandersetzung einher, was unter Bedingungen starken Wirtschaftswachstums relativ leicht fiel. Als Folge davon wurde die soziale Klasse ein Jahrhundert nach der anfänglichen Begeisterung für Eugène Pottiers Lied zu Grabe getragen. In der ersten Reihe der Totengräber standen die Postmodernisten, die in allen sozialen Unterschieden Konstrukte erkannten, denen eine substantielle Basis fehlte. Gefördert wurde diese intellektuelle bzw. ideologische Abkehr von dem auf die Realität ökonomischer Machtverhältnisse bezogenen Klassenbegriff durch die fortschreitende Diversifizierung gesellschaftlicher Differenzierung.

In dem einfachen Modell der frühen Industriegesellschaft gab es Kapital und Arbeit, und Kapital bedeutete Finanzkraft. Inzwischen gibt es diverse Kapitalsorten, die der französische Soziologe Pierre Bourdieu mit seiner Beschreibung der »feinen Unterschiede« auf überzeugende Weise ins Gespräch gebracht hat. Neben ökonomischem Kapital verfügen wir danach über soziales, kulturelles und symbolisches Kapital. Damit ist gemeint: Menschen sind keine Monaden; ihr Leben spielt sich in Beziehungen zu anderen – ihrem Sozialkapital – ab. Sie erwerben in Schule und Ausbildung kulturelles Kapital und genießen, kraft Geburt oder Leistung, Ansehen in der Gesellschaft, ihr symbolisches Kapital. Diese Kapitalsorten wirken auf vielfältige Weise zusammen. So ermöglicht der Reichtum der Eltern den Erwerb kulturellen Kapitals durch eine gute Ausbildung, die wiederum den Erwerb von ökonomischem Kapital und/oder Ansehen gewährleistet. Ein »guter Name« erleichtert noch immer den Zugang zu lukrativen Stellen.

Gleichzeitig erleben wir, dass Menschen, die scheinbar aus dem Nichts kommen, quasi über Nacht im virtuellen Raum des World Wide Web symbolisches Kapital aufbauen, das sich nach der Anzahl ihrer Follower bemisst und in ökonomisches Kapital ummünzen lässt. Dadurch ist eine neue, nationale Grenzen überschreitende Dimension sozialer Differenzierung entstanden. Die Stellung jedes Individuums in der Gesellschaft – heute inklusive soziale Netzwerke –, seine Identität, lässt sich als Zusammenwirken der verschiedenen Kapitalsorten verstehen; offenkundig ein sehr anderes Verständnis von sozialer Identität als eines, das auf dem alten Klassenantagonismus beruht. Dazu gehört auch, dass Menschen in der Marktgesellschaft selbst als Kapital verstanden und durch die Sozialisationsagenturen Schule, Ausbildung und Hochschule entsprechend geformt werden. Bildung war einmal; worauf es heute ankommt, ist die Produktion von human resources mit denen der Bedarf an qualifizierten Arbeitskräften gedeckt wird.

Aus der neuen Welt: scherzo, molto vivace

Neben der Diversifizierung von Kapitalsorten wird die soziale Schichtung auch dadurch diffuser, dass im Gegensatz zu der eindimensionalen, allein ökonomischen Klassenanalyse mehrere Merkmale herangezogen werden, die gesellschaftliche Integration und Gliederung bestimmen. »Klasse« ist ein Begriff der politischen Ökonomie, der die sozioökonomische Entwicklung als ganze betrifft. »Soziale Identität« gehört demgegenüber zum theoretischen Instrumentarium der Sozialpsychologie. Im Mittelpunkt steht hier das Individuum, das aufgrund einer Reihe von Eigenschaften, die es hat oder die ihm zugeschrieben werden, multiple Persönlichkeiten aufweist. In soziologischen Beschreibungen der Gegenwartsgesellschaft ebenso wie im Bewusstsein ihrer Mitglieder lassen sich Individuen danach verschiedenen Gruppen zuordnen.

Als sehr einflussreich erwies sich in diesem Zusammenhang der aus den USA importierte Begriff des Diversity Management (Management der Vielfalt), der aus der Betriebswirtschaftslehre stammt. »Vielfalt« bezieht sich hier nicht auf unterschiedliche materielle Lebensbedingungen, sondern auf psycho-soziale Identitäten, die soziale Gruppen definieren. Ausgangspunkt ist der Gedanke, dass die Heterogenität der Belegschaft eines Betriebs gemanagt werden muss. Damit soll der Diskriminierung benachteiligter Gruppen bzw. Individuen entgegengetreten werden. »Unterschiedliche Identitäten akzeptieren und feiern«, heißt die Devise. Die in den vorausgegangenen Kapiteln angesprochenen Identitäten und einige weitere kommen dafür in Frage. Die Liste der Kriterien, die beim Diversity Management zu berücksichtigen sind, ist prinzipiell offen. Sie umfasst in jedem Fall die für den jeweiligen Betrieb bzw. die jeweilige Gesellschaft relevanten Kategorien und kann nach Bedarf erweitert werden. Geschlecht, sexuelle Orientierung, Ethnizität, Rasse, Religion, Sprache, Alter und Behinderung sind auch hier gängige Kriterien.

Trotz der antidiskriminatorischen Absicht hat die Idee des Diversity Management auch Kritiker. Ein Grund dafür ist, dass Unterschiede zwischen Menschen, um gemanagt zu werden, legitimiert werden müssen, was Opportunismus und Willkür nicht ausschließt. Die Legitimierung von Vielfalt und Verschiedenheit birgt überdies die Gefahr, zur Reproduktion von Diskriminierung beizutragen, statt sie zu verringern. Nach den aufgeführten Kriterien gebildete Gruppen bekommen, insbesondere wenn sie im Rahmen des Diversity Management eine Rolle spielen, einen fixierten Charakter und erschweren es Individuen möglicherweise, sich von einer kategorialen Abstempelung zu befreien. Diversity Management ignoriert zudem oft, dass sich diese Gruppen überschneiden. Statt darauf zu bestehen, dass Unterschiede der erwähnten Arten für Einstellung, Personalmanagement und Zugang zu Bildungseinrichtungen bedeutungslos sein müssen, wird Individuen, die bestimmte Eigenschaften aufweisen, eine soziale Identität zugeschrieben, die sie unter den Voraussetzungen des Diversity Management nur schwer abstreifen können.

Die erwähnten Kategorien entsprechen einerseits den Partikularinteressen bestimmter Gruppen, die sich eben dadurch als solche konstituieren. Sie sind andererseits an die Stelle des ehemaligen Klassenbewusstseins getreten und erinnern das Management an das bewährte Prinzip »teile und herrsche«. Es handelt sich dabei ausschließlich um Kategorien, die mit dem Produktionsprozess, seiner transnationalen Organisation und gesellschaftlichen Einbettung nichts zu tun haben. Sehr deutlich illustriert das der Kampf, den der Globalgigant Amazon gegen Gewerkschaften führt. Eine Klassenidentität darf das Personal nicht zur Schau stellen, diverse Identitäten schon, denn die machen es noch leichter, Gruppen gegeneinander auszuspielen, um das Lohnniveau zu drücken.

Die begründete Kritik an dem Konzept des Diversity Management hat seine Verbreitung in Wirtschaftsbetrieben und Institutionen jedoch nicht spürbar eingeschränkt; denn unterm Strich ist heute die Kultivierung der Individualität des Einzelnen viel wichtiger als die Solidarität der Gleichgestellten aus der Frühphase des

Industriekapitalismus. Die gesellschaftliche Reaktion auf Ungleichheit heißt demnach nicht mehr Klassenkampf, sondern Kampf um Anerkennung von Identität ethnischer, rassischer, religiöser, geschlechtlicher oder anderer Art.

Fine pensioroso – bedenklicher Ausklang

Alle Menschen werden *Brüder*?

Damit fängt es schon an und hört auch gleich wieder auf. Indem sie die Schwestern ignoriert, verfehlt Friedrich Schillers *Ode an die Freude* ihr hochgestecktes Ziel, vielleicht nicht in Elysium, aber doch hier auf Erden, wo Brüder und Schwestern, unentschiedene nächste Anverwandte und Post-Genderisten, Weiße und Schwarze und Caffelatte-Farbene, Autochthone und Allochthone, Veganer und Carnivore und Carnevalisten, Pietisten, Muslime und Zionisten, Provinzialisten und Nationalisten, Modernisten und Traditionalisten, Eidgenossen und Bundesgenossinnen, X-isten und Y-isten alle ihre Identität über alles stellen. Und wenn nicht über alles, so doch gewiss über die ihrer Nächsten, ist die Abstoßung doch die treibende Kraft der Identitätsbehauptung.

Schillers Traum von Götterfunken, Duldsamkeit und der Abschaffung der Hölle in einer besseren Welt ist so weit von der Verwirklichung entfernt wie zu seiner Zeit (auch wenn man behaupten könnte, dass die Versiebenfachung der Weltbevölkerung und die Verdoppelung der Lebenserwartung darauf hindeuten, dass wir uns auf dem richtigen Weg befinden).

Feministinnen kritisieren Schiller bzw. die, die seine *Ode* heute singen, weil sie nur von Brüdern spricht, sehen aber darüber hinweg, dass es die *Tochter* aus Elysium ist, deren Zauber »wieder bindet, was der Mode Schwert geteilt«. Leicht werden beim Niederreißen von Barrieren neue Barrieren errichtet. Schillers *Ode* ist seit 1972 die Hymne des Europarats und, in einer Instrumentalversion, seit 1985 die der EU – Symbol europäischer Identität.

Zu Weihnachten 1989 dirigierte Leonard Bernstein Beethovens Neunte Symphonie in Berlin. Zur Feier des Tages – die Mauer war gerade gefallen – wies er den Chor an, in der *Ode* »Freude« durch »Freiheit« zu ersetzen. Wessen Freiheit? Heute gibt es, wie die französische Politikwissenschaftlerin Alexandra Novosseloff gezeigt hat, mehr Mauern und Grenzzäune als 1989: Zwischen Israel und dem Gazastreifen, Saudi-Arabien und Jemen, Ungarn und Kroatien und Serbien, USA und Mexiko, und an mehr als 40 anderen Orten rund um den Globus. Sie wurden zumeist errichtet, um *uns* vor *denen* zu schützen, die *unsere* Identität bedrohen. Die Berliner Mauer war in Beton gegossene Unfreiheit. Wie schnell war das vergessen!

Den Mauerfall in Berlin begleiteten Sprechchöre, in denen es erst »wir sind *das*«, und dann »wir sind *ein* Volk« hieß. In der anfänglichen Euphorie wurde kaum beachtet, dass damit der völkische Gedanke in den politischen Diskurs zurückkehrte. War es nicht nach dem Ende des Kalten Krieges und der Inkorporation der DDR in die westdeutsche BRD, dass der rechte Populismus in Europa hochkam? Überall im Dienste der Verteidigung unserer Identität? So vage, wie der Begriff ist, lassen sich Mauern der Identität, wenn es opportun ist, verschieben. Der identitären Bewegung erlaubt das, Regionalismus, Nationalismus und Europäismus miteinander zu vereinbaren und gemeinsam vor den Karren eines antimuslimischen und/oder antisemitischen Rassismus und angeblicher Überfremdung zu spannen. Abstoßung ist auch hier das entscheidende Motiv.

Es erscheint so selbstverständlich, dass jeder eine Identität hat und haben will, und auch die Identitätsmerkmale, die hier zur Sprache kamen – Geschlecht, Rasse, Nationalität, Kultur, Sprache – nehmen sich wie quasi-natürliche Gegebenheiten aus. Dass Identität als soziale und politische Kategorie ein geistiges Produkt der individualistischen Moderne ist, gerät deshalb leicht in Vergessenheit.

In mehr als einer Hinsicht sind wir heute gezwungen, eine Identität zu haben. Der Staat verlangt es von uns mit einer immer engmaschigeren Identitätsausweispflicht (während der technische Fortschritt den Identitätsdiebstahl zu einem gefürchteten Verbrechen hat werden lassen). Und das neoliberale Wirtschaftssystem, das Konkurrenz über Kooperation stellt, leistet seinen eigenen Beitrag zur *promotion* von Identität, wie auch die Technologie, die uns die Selfie-Kultur beschert hat. Es ist eine Kultur, in der alle permanent bereit sind, ihre

Identität in Szene zu setzen, in einem Restaurant, mit Freunden, am Ferienort etc. und dabei zum Werbeträger nicht nur für sich selbst, sondern auch für Akteure des Wirtschaftslebens zu werden.

Werbung verlangt, dass das Produkt, die Dienstleistung, das Unternehmen eine Identität hat und die Kundin und der Kunde auch; hat die alltägliche Vergewisserung, »ich konsumiere, also bin ich«, doch Descartes Antwort auf die Existenzfrage, »ich denke, also bin ich«, an den Rand gedrängt. Die Innerlichkeit ist durch Äußerlichkeiten ersetzt worden; Äußerlichkeiten, die wandelbar sind, da sie der Mode unterliegen. Das Selfie von heute sieht ganz anders aus als das von gestern, wenn wir über die Uniformität der Einzigartigkeit hinwegsehen.

Sich der Mode zu entziehen, ist schwer. Identität selber ist modern wie die Musik, die uns beim Navigieren durch den Alltag hilft, vom Aufstehen bis zum Schlafengehen, im Hintergrund, manchmal im Konzert, bei jeder Gelegenheit die richtige Melodie und für immer mehr Menschen mit einem Knopf im Ohr ständige Begleitung.

Auch die Musik geht mit der Mode und dementsprechend kann Identität heute dies und morgen jenes sein, ohne dass die, die sich darauf berufen, der Veränderungen immer gewahr sind. Der Staat, die Wirtschaft und die Technologie zwingen uns dazu, eine Identität zu haben oder zumindest zur Schau zu stellen, ob wir wollen oder nicht. Nur manchmal hilft uns die Musik, kritischen Abstand zu finden.

In seinem Lied »What is real?« bringt der große Rapper Akala die Sache auf den Punkt:

Willst du vom Kiez erzählen,

Nimm ihn an, sei stolz und trag es wie'n Abzeichen,

Aber verdammt soll ich als Vater sein, wenn meine Kinder

Nicht mehr haben werden als ich hatte,

Bitte verwechsle deine Lage nicht mit deiner Identität,

Das ist nicht dasselbe.